▶ 产业转型与升级系列 ◀

大健康企业经营与创新

丁程碑　丁熙来 ◎ 著

企业管理出版社
ENTERPRISE MANAGEMENT PUBLISHING HOUSE

图书在版编目（CIP）数据

大健康企业经营与创新 / 丁程碑，丁熙来著．—北京：企业管理出版社，2022.6
ISBN 978-7-5164-2625-8

Ⅰ．①大… Ⅱ．①丁… ②丁… Ⅲ．①保健－服务业－企业经营管理－研究 Ⅳ．① F719.9

中国版本图书馆 CIP 数据核字（2022）第 084923 号

书　　名：大健康企业经营与创新
书　　号：ISBN 978-7-5164-2625-8
作　　者：丁程碑　丁熙来
责任编辑：徐金凤
出版发行：企业管理出版社
经　　销：新华书店
地　　址：北京市海淀区紫竹院南路 17 号　　邮　　编：100048
网　　址：http://www.emph.cn　　电子信箱：emph001 @163.com
电　　话：编辑部（010）68701638　　发行部（010）68701816
印　　刷：河北宝昌佳彩印刷有限公司
版　　次：2022 年 6 月第 1 版
印　　次：2022 年 6 月第 1 次印刷
开　　本：710mm × 1000mm　1/16
印　　张：13.25 印张
字　　数：170 千字
定　　价：68.00 元

前　言 · PREFACE

党的十九大后，健康中国作为国家战略实施，进一步确立了人民健康在党和政府工作中的重要地位。健康中国战略的实施，无疑为大健康产业增添了新的动力，引发了医药制造业和健康服务业的蓬勃发展。随着经济全球化和信息化的不断深入，创新驱动发展战略开始在企业广泛运用，并在企业战略规划制定中占据独特位置。伴随着老龄化加剧，大健康产业逐渐成为21世纪新兴的朝阳产业，具有信息智能化、高科技化、产业链长等优势。毫无疑问，科技创新对医药企业经营绩效将产生不可替代的作用。尽管2014—2019年医药制造业科技创新投入较大，且在新产品市场份额和专利数方面取得了一定的成果，但医药制造业科技创新投入产出比存在一定的不确定性，科技创新发展也表现出了部分缺陷，如企业科研人才队伍建设落后、中成药科技研发较弱以及科技创新体系尚不完全成熟等，最终导致大健康产业科技创新效率有待进一步提高。因此，面临当前发展不成熟、水平不高的科技创新局面，对过去数年间科技创新是否带来了医药企业的经营绩效增长、具体的科技创新对医药企业绩效的影响程度的探讨有助于深入揭示当前医药企业技术创新的不足与发展困境，推动企业经营绩效的提升，从而促进大健康产业的实质性全链腾飞。

本书主要解决以下关键问题：①大健康企业科技创新对经营绩效的影响。②大健康企业市场竞争强度对经营绩效的影响。③大健康战略驱动下的技术创新及市场竞争强度对医药企业绩效的影响作用机理。④中介变量——投资效率对因变量医药企业经营绩效、自变量技术创新和市场竞争强度起的中介作用。本书探讨大健康企业技术创新、市场竞争强度对医药企业经营绩效的影响关系，通过引入投资效率为中介变量，为大健康战略驱动下的技术创新、市场竞争强度和经营绩效研究提供了学术借鉴，同时优化设计了技术创新实施路径，对发展大健康产业贡献了实践应用价值。本书根据变量定义设计预问卷，并发放预问卷收集数据，对预问卷进行信度分析、效度分析与因子分析，最后发放正式问卷。经过仔细筛选，共获得 488 份有效问卷，问卷有效率为 69.71%。基于选取的 30 家医药企业和健康管理服务企业的调研数据，建立了技术创新、市场竞争强度、投资效率和经营绩效的研究模型，并设计了较严谨的研究过程。

第一，确定实证研究的基础条件：研究假设与研究样本。基于大健康战略的研究背景，本书选择将医药企业和健康管理服务企业作为实证研究对象，由此确定问卷调研对象和样本数据收集的大致范围。通过大量的文献阅读，确定本书的研究假设，建立基于技术创新、市场竞争强度、投资效率与经营绩效的研究模型，再结合专家访谈内容，设计调查预问卷，最终利用预调查的信效度分析，调整完善调研问卷。

第二，构建数据分析模型。本书根据所研究问题的特点，选择构建多元回归方程模型来研究技术创新、市场竞争强度及投资效率对中国大健康企业经营绩效的影响机理。首先分析技术创新、市场竞争强度对中国大健康企业绩效的直接影响机理；其次引入投资效率作为中介变量，探讨大健康战略下不同医药企业投资效率对企业绩效过程的中介作用。

第三，以知本康业集团为研究对象，首先通过案例分析方法研究大健康战略驱动下知本康业集团的健康产业发展现状，剖析存在的问题；其次基于技术创新、市场竞争强度、投资效率与经营绩效的实证研究模型，提出改善集团经营绩效的实践路径。

基于问卷调查大样本数据，本书运用相关性分析、层次回归和多元回归分析，检验了大健康战略驱动下技术创新、市场竞争强度对医药企业绩效的影响，以及投资效率在研究模型中产生的中介作用。研究发现：①大健康企业技术创新对经营绩效存在显著的正向影响；②健康中国战略驱动下医药行业市场竞争程度对企业经营绩效存在显著的激励效应；③大健康企业投资效率在技术创新与经营绩效关系中起到部分中介效应；④技术创新投入和人力资本投资对企业财务绩效可能带来短期的负向效应，如何深入优化投资决策值得企业管理层关注。

结合本书的实证结论，针对医药企业和健康管理服务企业如何应对大健康产业市场竞争、如何提升经营绩效，提出了以下对策建议：①树立科技创新企业战略导向；②积极培育企业创新文化；③加强企业投资与技术创新的配合与协同；④优化企业人力资本投资；⑤数字赋能提升健康服务竞争力；⑥强化市场竞争导向，提升企业内部合作效率。

目　录 · CONTENTS

CHAPTER 1

绪　论

大健康战略的实施，无疑为大健康产业注射了一针强心剂，引发了医药制造业和健康管理服务业的蓬勃发展，集中表现为2016年以来大健康产业市场规模扩张迅猛。2016—2019年中国大健康产业市场整体规模呈不断上升趋势，其中2019年大健康产业市场规模高达6.9万亿元。由于大健康产业具有高投入、高科技、高利润和高风险等特征，医药企业往往面临着激烈的市场竞争，为了提升核心竞争力，需要努力革新生物制药技术。毫无疑问，科技创新将为大健康产业的发展发挥不可替代的作用。尽管2014—2019年医药制造业科技创新投入较大，但医药制造业科技创新投入产出比存在一定的不确定性，科技创新发展也表现出了部分缺陷。因此，面临当前发展不成熟、水平不高的科技创新局面，对过去数年间科技创新是否带来了医药企业的经营绩效增长、具体的科技创新对医药企业绩效的影响程度的探讨有助于深入揭示当前医药企业技术创新的不足与发展困境，推动企业经营绩效的提升，从而促进大健康产业的实质性全链腾飞。

本书通过文献研究法，结合大健康产业发展数据，归纳总结得出大健康战略驱动下企业技术创新现状及经营绩效的影响因素，根据大健康战略驱动下的企业绩效特征，研究分析企业技术创新、市场竞争强度、投资效率对企业经营绩效的影响关系，建立企业技术创新、市场竞争强度对企业绩效的影响关系模型，根据模型对影响关系进行假设，通过问卷调查的方式得到企业数据，运用信效度分析、因子分析、相关分析和回归分析等方法，科学验证大健康企业技术创新、市场竞争强度对企业绩效的研究假设。

从理论层面来看，当前技术创新研究主要的关注点在于企业研发资本投入，对技术创新投入产出分析往往采用较单一的指标衡量，并且鲜有文献将技术创新与经营绩效置于大健康国家战略背景下深入分析两者的关系，时事政策结合分析不够紧密，也较少选择投资激励视角研究医药企业技术创新行为。本书建立了大健康企业技术创新、市场竞争强度和经营绩效的关系模型，引入投资效率中介变量，探索了大健康战略驱动下技术创新、市场竞争强度和经营绩效的作用机理，进一步丰富了技术创新理论，提高了企业管理知识的完备性。

从实践层面来看，本书对大健康战略背景下如何优化医药企业科技创新体系，推进大健康产业飞跃发展，具有重要的借鉴意义。技术创新作为医药企业绩效提升的内生驱动力，剖析当前技术创新与企业运营的现状不足，有助于改进大健康产业技术创新体系。

1.1 研究背景

1.1.1 大健康战略

人民健康是社会文明进步的基础，是民族昌盛和国家富强的重要标志，也是广大人民群众的共同追求。党和国家历来重视人民健康，有力推进全面健康建设。党的十八届五中全会，首次从宏观层面提出了“健康中国”建设理念。2016 年 10 月，中共中央、国务院联合印发的《“健康中国 2030”规划纲要》，明确了未来 15 年内推动健康中国建设的行动纲领。2017 年，党的十九大提出“实施健康中国战略”，标志着推进健康中国和全民健康上升到了国家战略层面，事关建设社会主义现代化强国的宏伟目标。2019 年 7 月，国家卫生健康委员会成立的健康中国行动推进委员会印发了《健康中国行动（2019—2030 年）》，旨在贯彻健康中国战略，通过防治结合低成本手段提升健康绩效，突出了疾病预防和健康促进两大建设核心。2020 年 8 月，为了全面落实全民健康战略，国务院常务会议明确提出促进大健康产业发展。从国家政策制定演变方向来看，近年来党和国家紧紧围绕着“健康中国战略—健康中国行动—大健康产业”这一核心主线，颁布了一系列政策来促进大健康战略的贯彻执行。

大健康，不仅涵盖了个体身理健康，而且范围延伸至与民生息息相关的心理健康、精神健康、环境生态、社会道德等问题，是指影响个人在多个方面良好状态的健康促进系统。大健康是一个整体的概念，涉及多个主体参与层次，由下至上包括个人、企业、产业部门、国家等。大健康战略，实质上是建设健康中国的国家战略布局，是从社会生活、生态环境、职业状态等全方位促进人民身心健康的战略规划，同时维护好个人、企业、国家和谐共进关系。大健康战略，事关促进人民健康和国家强盛的宏伟蓝图，体现了以下三个方面的内涵。

（1）倡导健康生活。大健康战略，重点关注人民健康的生活方式和精神心态，并积极引导健康生活理念，这将对建设健康中国产生直接影响和重要意义。提倡广大群众养成健康的生活习惯，如合理膳食、控烟限酒、远离黄赌毒、加强身体锻炼等，同时积极培养健康的生活心态，主动培育正能量思想，促进全民身心健康发展。

（2）发展健康产业。健康产业是大健康战略实施的重要产业支撑。加大政府扶持，引导社会多方力量，发展防治和保健一体化健康产业。具体原则有：第一，吸引民营资本和外资兴办医疗机构，打造多元化办医格局；第二，积极促进休闲健身、养老旅游等健康服务产业发展；第三，立足互联网信息技术，发展互联网医疗管理，提升医疗服务的高效运行，扩宽医疗服务的可及性。

（3）提升健康保障。政府部门作为大健康战略的制定者和推行者，通过制度设计与提供公共卫生服务来提升城乡居民健康保障水平。一方面，大健康战略要求完善城乡居民医疗保障体系，提高医疗保险的报销水平，减轻住院看病的医疗成本压力；另一方面，大健康战略要求加强医疗卫生体制改革，加强公共卫生服务均等化，不断消除城乡之间、跨区域间医疗保健服务水平的差距，扩大现代医疗卫生体系的受益面。

1.1.2　大健康产业的发展

大健康产业是以美好生态环境为基础、以健康产品制造业为支撑、以健康服务业为核心，通过产业融合发展满足社会公众健康需求的全产业链活动。大健康产业是坚持科学发展观的理念，追求经济效益和健康环保绩效的有机统一，采用现代高新科技工艺，特别是采用高端生物工程技术，创造研发系列健康产品，以生物医药和医疗器械为主要代表的健康产业。进入 21 世纪后，随着互联网信息技术的发展以及经济全球化进程的加快，大健康产业涌现了一批与之匹配的健康服务业，吸引了国际资本的积极参与，如健康保险和健身休闲服务。根据国家统计局《健康产业统计分类（2019）》编制标准，结合统计年鉴和统计公报历年数据，本书整理计算了2015—2019年我国大健康产业的市场规模及增速情况，如图1-1所示。

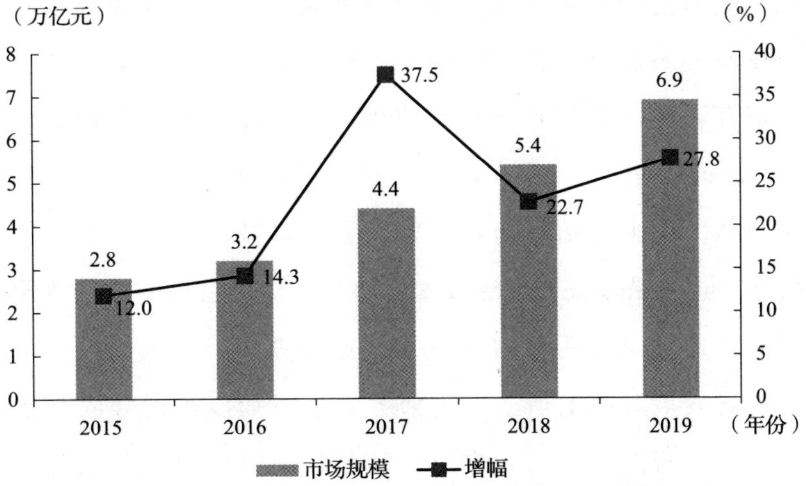

图1-1 2015—2019年我国大健康产业的市场规模及增速

由图1-1可知，2015—2019年我国大健康产业市场整体规模呈现上升趋势，其中2019年大健康产业市场规模高达6.9万亿元。受新冠肺炎疫情的影响，国家加快了对健康产业的扶持进程，以满足公众激增的健康服务需求。从大健康产业市场规模增速来看，近年来大健康市场规模年均保持两位数的增长速度，其中2017年大健康产业市场规模增长速度高达37.5%，主要原因是受到了2016年中共中央、国务院发布的《"健康中国2030"规划纲要》的政策刺激，导致国有资本、民间资本甚至国际资本加快了健康产业布局，追逐大健康产业的红利，此后民营医疗机构如雨后春笋般出现。

大健康产业是围绕健康服务的多种细分行业的集群概念，图1-2反映2019年大健康产业分布情况。由图1-2结果可知，大健康产业包含了以中草药种植为代表的第一产业，以医药保健品、医疗器械为核心的第二产业，同时融合兼具健康保险服务、健康基金服务的第三产业。2019 年，健康制造业几乎占据了 70%，其中体育用品占比最高，为 29.87%；医药保健品的占比为 17.03%，说明我国人民比较关注疾病预防与身体保健，以及行业利润驱动大量企业进入。第一产业中草药种植的占比为 8.61%，说明在中医传统文化影响下中药产业仍存在较大的生产规模。值得注意的是，医疗器械和药品生产的比重分别为 2.29% 和 1.61%，占比较低的原因可能是市场进入门槛较高，我国生物制药和精密仪器制造技术水平有待进一步提高。此外，健康保险服务、健康基金服务、健康管理和咨询等服务业占比相对较低，说明新兴的健康服务业还处于行业成长期，亟待相关政策引导发展。综上所述，当前大健康产业以医药健康制造业为支柱产业，中药种植业仍占据重要地位，同时健康服务业开始不断兴起。

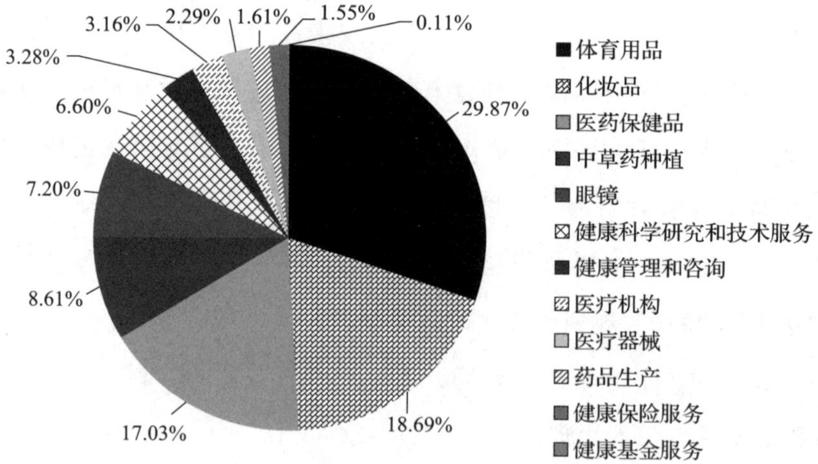

图 1-2　2019 年大健康产业分布情况

1.1.3 科技创新助力大健康产业

高新技术广泛运用于健康医疗领域，科技创新成为大健康产业高质量和可持续发展的不竭动力。随着国家老龄化程度的加剧，人们医疗保健意识的不断提高，同时借助大健康产业政策的春风，近年来大健康产业显现迅猛的发展态势。当今，高新技术越来越广泛地运用于医疗健康领域，大健康产业高科技化的发展趋势愈发明显，主要体现在以下两个方面：①生物科技工程带来制药领域革新，医疗器械高精尖性能不断强化。一方面，原研药品在制药行业拥有较高的市场竞争力，要求生物制药技艺不断创新提高。另一方面，随着医疗意识的普遍提高，精准、专业化检测和治疗成为时代需要，高精尖医疗器械受到了民众的广泛欢迎。②互联网信息技术助力医疗健康服务。人工智能、物联网等互联网信息技术为医疗健康服务提供了便捷性，为大健康产业带来了技术革新，如互联网远程医疗、慢性病管理监测等。

当今大健康产业的大发展离不开科技创新的支撑，同样未来科技创新程度决定了大健康产业的高质量和可持续发展，未来大健康产业结构调整需要技术创新这一强劲动力。大健康产业研发新产品或者开拓新的健康服务项目，在很大程度上依赖于科技创新取得突破性进展，从而丰富大健康产业产品服务体系，如互联网区块链技术在互联网医疗的运用等。此外，科技创新助力大健康产业发展，不仅表现在自然科学技术，而且人文社会科学理论方法也同样重要。大健康战略推动广大群众身体健康、心理健康和道德健康等均衡发展，使人民身体与心灵处于全面良好健康状态。因此，人文社会科学理论与处世哲学与时俱进，对引导人们保持积极健康的心态有不可忽视的作用，从而社会科学理论创新在一定程度上影响着大健康产业的发展。

1.2 研究问题

1.2.1 问题成因

大健康战略的实施极大地刺激了大健康相关产业的发展，形成了一大批具有新技术、新生产、新生态特点的医药制造业，尤其是在生物制药和医疗器械生产行业领域。近年来，属于第二产业的医药制造业，以庞大的产业市值和较高的产业链竞争地位，成为大健康产业的支柱性产业。作为健康产品的生产部门，技术创新和技术研发对医药制造业的经营绩效存在关键性作用；作为支柱产业，医药制造业的技术创新及其创新绩效对整体大健康产业将产生连锁效应，甚至可能对大健康产业链带来一场巨大的技术革命。因此，医药制造业技术创新能力不仅关乎自身经营业绩，甚至会影响大健康产业全局发展。由表 1-1 结果可知，2014—2019 年医药制造业平均研发人员数为 12.27 万人，整体呈下降趋势，最高的 2014 年为 13.39 万人，说明近年来医药制造业没有明显加大科技人才的投入。对比化学药品制造与中成药生产方面，2014—2019 年中成药生产的研发人员数不及化学药品制造的研发人员的一半，说明以往医药制造业更倾向于化学药品的研发，中成药的研发人才投入相对较少。表 1-2 结果显示，2014—2019 年医药制造业的研发项目数量呈整体上升趋势，平均保持 7.14% 的年增长速度，2019 年项目数高达 3.23 万个，说明当前医药企业比较热衷于通过设立研发项目来加快医药产品研发。从研发经费投入情况来看，2014—2019 年医药制造业的研发经费投入逐年增长，并且平均保持 19.07% 的年增长速度，2019 年研发经费高达 684.42 亿元，反映了当前医药制造企业开始注重医药科技创新，并且期望通过持续不断的研发经费投入来获得市场收益。综上所述，我国医药制造业比较注重企业自身科技创新能力，特别是关于以化学药品为代表的西药研发，此外，在科技创新投入方面更倾向于加大研发项目投入，而容易忽视科研人才的引进与培养。

表 1-1 2014—2019 年医药制造业研发机构人员数情况

研发机构人数 / 万人	2014 年	2015 年	2016 年	2017 年	2018 年	2019 年
医药制造业	13.39	12.86	13.06	12.15	12.59	12.27
化学药品制造	7.04	6.69	6.65	5.88	6.21	5.91
中成药生产	3.02	2.7	2.76	2.72	2.64	2.48

表 1-2 2014—2019 年医药制造业技术研发投入情况

技术研发投入	2014 年	2015 年	2016 年	2017 年	2018 年	2019 年
研发项目数量 / 万个	2.38	2.18	2.44	2.78	2.82	3.23
研发经费投入 / 亿元	350.36	405.91	446.10	533.05	555.80	684.42

技术创新产出决定了一个企业的技术创新效率，影响了医药制造业当年的经营绩效。目前，国内外学术界通常采用新产品销售收入和专利申请数等经营指标来衡量技术创新产出。表 1-3 反映了 2014—2019 年医药制造业技术创新产出情况。从新产品销售收入指标来看，2014—2018 年医药制造业新产品销售收入呈增长态势，且年增长速度较快，平均每年稳定增速为 12%，2018 年新产品销售收入高达 6367.04 亿元。但是，2019 年新产品销售收入出现大幅下降，跌至 3656.87 亿元，原因可能有受宏观经济环境影响导致市场需求不振以及新产品研发结构不合理等。从专利申请数指标来看，2016 年是医药制造业专利申请数的分水岭。受《“健康中国 2030”规划纲要》的政策影响，2016 年后医药制造业专利

申请数快速增加，仅2017年、2018年分别增加了2093项、1820项。但是，与新产品销售收入变化一致的是，2019年医药制造业专利申请数迅速下降，跌至9028项，同比2018年专利数下滑了50%。综上，医药制造业技术创新产出自2016年来展现了较高的水平，医药新产品也受到了较好的市场认可，取得了一定的研发业绩，但是2019年无论是新产品销售收入还是专利数都发生了较大幅度的下滑，表明医药制造业技术创新体系尚未完全成熟，整体技术创新水平有待进一步提升。

表1-3　2014—2019年医药制造业技术创新产出情况

技术创新产出	2014年	2015年	2016年	2017年	2018年	2019年
新产品销售收入/亿元	4301.83	4736.27	5422.75	5713.25	6367.04	3656.87
专利申请数/项	19354	16020	17785	19878	21698	9028

综上所述，大健康战略背景下医药制造业技术创新占据了重要的竞争战略高地，技术创新能力也得到了快速提高，然而我国医药制造业技术创新发展现状仍存在以下问题：①偏重医药研发项目经费投入，而忽视了企业科研人员体系建设。医药企业人才队伍建设，关系着科技创新的长足进步，关系着大健康产业可持续性发展。②中成药研发力度不足，产品研发大多停留于低附加值的中药饮片。相对于更严谨的临床试验，医药企业花费了更多的研发成本于化学药品方面。③医药制造业科技创新体系尚未完全成熟，整体技术创新水平有待稳步提升。因此，面临当前如此复杂多变的技术创新局面，过去医药制造业技术创新是否产生了较高的市场回报？大健康战略实施后，广大医药企业技术创新意愿是否增强？技术创新效率是否进一步提高？根据创新理论，技术创新对企业绩效存在溢价作用。在大健康战略背景下，如何探索一条普遍适用于

医药企业的高技术创新绩效的实际路径？结合医药企业经营绩效，有助于企业管理层进一步发现和改进当前技术创新的不足，深入研究技术创新与大健康产业经营绩效的作用机制，也有利于探索一条关于技术创新与医药企业绩效的可实践路径，进一步推动大健康产业的大繁荣、大发展。

1.2.2 问题的提出

党的十九大后，健康中国由早期的规划纲要进一步上升到国家战略，形成了大健康国家战略。大健康战略的实施，无疑为大健康产业注入了“催化剂”，引发了医药制造业和健康服务业的蓬勃发展，集中表现为 2016 年以来大健康产业市场规模的扩张迅猛。随着经济全球化和信息化的不断深入，创新驱动发展战略广泛运用，并在企业战略规划的制定中占据独特位置。随着老龄化加剧，大健康产业逐渐成为 21 世纪新兴的朝阳产业，具有信息智能化、高科技化、服务链长等优势。毫无疑问，科技创新对医药企业经营绩效将产生不可替代的作用。然而，尽管 2014—2019 年医药制造业科技创新投入较大，且在新产品市场份额和专利数方面取得了一定的成果，但医药制造业科技创新投入产出比存在一定的不确定性，科技创新发展现状也表现了部分缺陷，如企业科研人才队伍建设落后、中成药科技研发较弱以及科技创新体系尚不完全成熟等，最终导致大健康产业科技创新效率有待进一步提高。因此，面对当前发展不成熟、水平不高的科技创新局面，过去数年间科技创新曾否带来医药企业的经营绩效增长？科技创新对医药企业绩效的影响程度具体是多少？回答这些问题将有助于深入发掘当前医药企业技术创新的不足与发展困境，从而促进大健康产业实质性全链腾飞。与此同时，结合激励理论，研究现实中市场化程度与投资收益回报，是否增强了科技创新对医药企业绩效的溢价效应。本书主要的研究问题如下。

（1）大健康战略背景下医药健康服务企业发展现状如何？基于大健康战略，探索医药健康服务企业发生怎样的经营变化，总结分析其发展现状特征，特别是在科技创新和经营绩效方面，将有助于研究大健康战略政策效果以及存在的不足之处。

（2）大健康战略背景下医药健康服务企业经营绩效的影响因素有哪些？目前，学术界认为影响企业经营绩效的因素涉及企业、员工、行业或宏观经济多个层面。实施大健康战略后，哪些因素会影响到医药健康服务企业的发展？定量分析这种影响程度，也是关键性研究问题。

（3）大健康战略背景下科技创新对医药健康服务企业经营绩效产生什么样的影响？从事医药制造的企业，通常具备较高的生物工程科技实力，而健康服务型企业的诞生与兴盛，本身就离不开互联网信息技术的发展。基于大健康战略，探索科技创新对医药健康服务企业经营绩效发挥了怎样的实际作用，具有重要的现实意义。

（4）大健康战略背景下市场竞争强度对医药健康服务企业经营绩效产生了怎样的影响？

（5）投资效率如何在科技创新、市场竞争强度与医药健康服务企业经营绩效起到中介作用？

1.3 研究目的

总结分析大健康战略实施后医药企业发展现状。自 2016 年中共中央、国务院发布《“健康中国 2030”规划纲要》以来，大健康战略已成为一项国家层面的产业规划战略。透过大健康产业统计数据，我们能够初步了解医药企业的宏观发展现状，并总结当今大健康产业的三个“短板”。为了进一步细致地研究每个医药企业的发展困境，使本研究更加具有针对性，有必要对企业进行直接调查，获取医疗健康服务企业微观数据，提供有价值的研究实例。

梳理大健康产业链企业经营绩效的影响因素。大健康产业链具有较长的服务链，上下游企业产业联系也较为紧密。大健康战略的实施和核心企业技术创新，将对整个大健康产业链上的企业产生重要影响。通过实地市场调查与统计分析，立足大健康战略背景，估计多项因素对医药企业经营的影响结果，梳理出大健康产业企业经营绩效的主要影响因素，从而为如何提升医药企业绩效的对策与建议提供理论依据。

重点论述技术创新、市场竞争强度对医药企业经营绩效产生的作用。尽管国内企业的管理层已经意识到技术创新的重要作用，但实施大健康战略后，技术创新能为医药企业带来多少经济效益，且企业间如何正确开展技术创新，许多医药企业的领导者往往是不清楚的。因此，实证评估技术创新效率，建设高效、科学的技术创新体系，就显得尤为重要。由于市场机制对经济资源的配置作用直接表现为企业经营决策（包含技术创新行为）要适应市场环境变化，选取市场竞争强度指标研究了市场化对医药企业技术创新、经营绩效的影响。

重点论述投资效率在科技创新、市场竞争强度与医药企业经营绩效中起到的中介作用。基于激励理论，验证投资收益回报是否增强了科技创新对医药企业经营绩效的正向效应，同时市场化程度提高是否会带来更高的投资效率，从而有助于提升医药企业经营绩效。因此，本书选取了医药企业经营绩效作为本次研究的因变量，将大健康产业影响因素（技术创新、市场竞争强度）作为自变量，中介变量是投资效率，来检验相关研究假设是否成立。

在大健康战略背景下，提出关于技术创新与医药企业经营决策方面的策略与建议。根据技术创新、市场竞争强度、投资效率与医药企业经营绩效之间的研究模式，基于大健康产业链医药企业的微观调查数据，利用统计方法实证估计回归结果，以检验相关研究假设的正确性，进一步得出科学的研究结论。最终提出大健康战略促进医药企业技术创新与提升经营绩效的对策与建议。

1.4 研究意义

研究大健康企业技术创新、市场竞争强度影响经营绩效的作用机理，优化设计技术创新实施路径，对企业管理学科建设与发展大健康产业的作用体现在理论拓展价值和实践应用价值两方面。

1.4.1 理论意义

从理论层面来看，当前技术创新研究的主要关注点是企业研发资本投入，对技术创新投入产出分析往往采用较单一的指标衡量，并且鲜有文献将技术创新与经营绩效置于大健康国家战略背景下深入分析两者的关系，时事政策结合分析不够紧密，也较少选择投资激励视角研究医药企业技术创新行为。本书建立了大健康企业技术创新、市场竞争强度和经营绩效的关系模型，引入了投资效率变量，探索了大健康战略驱动下技术创新、市场竞争强度和经营绩效的作用机理，进一步丰富了技术创新理论，提高了企业管理知识的完备性。

1.4.2 实践意义

从实践层面来看，本研究对大健康战略背景下如何优化医药企业科技创新体系、推进大健康产业飞跃发展具有重要的借鉴意义。技术创新作为提升医药企业绩效的内生驱动力，剖析当前技术创新与企业运营的现状与不足，有助于改进大健康产业的技术创新体系。结合市场机制的资源配置作用，深入挖掘医药企业绩效增长点。因此，本书的大健康企业技术创新、市场竞争强度对企业绩效的影响模型，对完善大健康战略下技术创新体系、培育医药企业核心竞争力都有重要的指导意义。

1.5 研究范围

1.5.1 理论范畴与应用边界

本书的研究主题旨为探讨在大健康战略背景下医药企业经营行为对企业绩效的影响。其中，考虑生物制药行业属于技术密集型产业，本研究的经营行为主要涉及医药企业的技术创新与企业投资活动。从企业战略和经营管理视角来看，本研究的主题属于企业管理的理论范畴，研究设计的理论依据来自创新理论与企业绩效管理理论等，本书的最终研究结论有助于丰富企业管理学科的理论成果，体现了一定的理论拓展价值。从研究过程来看，本书选择的调研对象是医药和健康服务企业，问卷数据也来自医药企业，最终得出的研究结论和提出的对策建议，主要适用于医药和健康服务企业。因此，本研究的应用边界主要局限于大健康产业链中的医药和健康管理企业。

1.5.2 研究对象

企业战略转型离不开技术创新与市场机制的双元支持。战略转型通常发生于企业为了应对激烈的内外部竞争环境变化，而对战略内容方向进行系统性改变，主要包括经营层面和职能层面两方面。在经营战略转型上，管理层对企业产品生产、市场经营范围等进行战略性选择时，离不开技术创新能力的支持和市场资源配置的辅助。在大健康战略驱动下，医药企业为了迅速抢占大健康产业的制高点，不得不结合技术创新能力，调整实施新型企业经营规划，同时兼顾市场反应，最终助力医药企业经营绩效的腾飞。本书选取大健康产业核心企业作为研究对象，通过实地走访调查以及线上调研获取实际经营数据。然后，利用描述统计方法总结大健康战略下医药企业技术创新与经营绩效的发展现状，结合科技创新投入产出和投资效率指标运用统计方法进行分析，为优化创新效率和提升医药企业绩效提供理论依据。

本书主要研究大健康企业技术创新、市场竞争强度对经营绩效的影响关系，研究对象必须符合以下基本要求：第一，医药企业存在技术创新行为，拥有一定的技术创新能力。作为本研究模型的关键性变量，技术创新的衡量方法需要科学性、度量结果需要准确性，否则将影响统计估计结果的真实性。第二，医药企业技术创新行为在大健康战略前后发生了较大的变化，有助于实证发现大健康战略驱动下技术创新和经营绩效之间的关系规律。第三，市场竞争强度与经营绩效等指标需要全面科学地测量，保证估计结果避免统计偏误，使实证结论更具说服力。第四，市场调查结果的可获得性，保证研究模型中变量指标数据易于获取。

1.6 相关概念界定

1.6.1 健康管理服务

健康管理概念诞生于老龄化和疾病年轻化加剧的现代社会。《中国家庭健康大数据报告》显示，2018 年 61 岁以上的老年患者比例较 2017 年增加了 20.5%，老年人多患慢性病，主流城市白领亚健康比例高达 76%。健康管理是指为了疾病预防和健康维持，实行的积极干预方法或手段，常通过饮食、运动习惯等一系列有计划、有针对性的身体或心理状态调节行为来促进人的身心健康。健康管理不仅关乎个人身体素质，而且可以立足全局，影响改变群体健康行为。对群体实施健康干预，促使居民养成健康习惯，降低群体健康风险，有助于提高居民全体健康水平，降低医疗基金偿付压力。大健康战略的实施，健康管理备受瞩目，并逐渐发展成为一项市场规模巨大的医疗健康服务业。

健康管理服务是指以医疗机构为核心的医疗服务机构，凭借团队专业的医疗健身知识或技术，为存在健康风险的群体提供治疗指导或健康咨询相关性服务，如一站式体检服务、形体矫正训练等。随着互联网信息技术革新，健康管理服务创新性地发展了“互联网 + 健康”服务模式，有效地提高了健康管理服务可及性和有效性，如互联网医疗网络诊断。“互联网 + 健康”服务模式不仅扩大了服务人群的覆盖面，而且借助大数据技术，也丰富了健康管理服务内容与形式，如身体健康指标监测与预警、健康行为大数据分析等。但是，科学技术的发展带来健康管理服务业繁荣的同时，也对健康管理提出了新的要求与挑战。随着信息化深入和居民健康意识的觉醒，健康管理服务企业需要提升服务质量水平、创新产品服务体系、寻找企业长久利润增长点。

1.6.2 大健康企业

随着经济发展和人均寿命的提高，人们对健康服务需求展现出多样化，催生了许多新兴的健康服务产业，由于健康产业群十分庞大，考虑到健康中国战略的时代背景，许多学者将其概括为大健康产业（韩海强，2020）。因此，本书的大健康企业特指大健康产业链上的企业，主要包括医药制药企业和健康管理服务企业。大健康产业以满足多样化健康需求为服务宗旨，通过现代健康产品生产技术，运用医疗专业知识，创造涵盖预防保健、生物医疗和康复管理的全方位产业链。从服务内容来看，大健康企业可大致划分为以下类型：一是医疗服务机构，以提供医疗服务为核心，如医院、制药企业等；二是健康管理企业，以提供健康管理服务为核心，如保健品企业、健康体检服务企业等；三是与健康相关的生活服务企业，以提供优质、健康的生活方式为核心，如健康休闲企业。

1.6.3 技术创新

熊彼特的《经济发展理论》认为，技术创新是企业发生创造性技术革新并将新技术运用于生产体系，进而产生经济效益的过程。结合创新理论，可见技术创新是技术和经济形式变化的组合行为。技术创新理论的发展，经历了由单一主体拓展到多元主体协同创新的历程。早期关于技术创新的研究，大多集中表现为一种标志性的企业技术进步。20 世纪 80 年代以后，区域乃至国家技术创新能力也受到广泛的关注。例如，国家技术创新理论认为，技术创新并非只是企业个体行为，而是涉及多个创新主体的联合活动，如高新技术企业、科研机构和政府资助共同完成技术开发，形成产学研一体化多个创新主体。基于此，创新协同理论认为，多个技术创新主体通过知识技术共享、资源互助等方式，加强了产学研密切联系，共同提高技术创新效率。

在大健康战略背景下，企业技术创新方式不同于传统创新模式，医药企业技术创新方向需要考虑是否符合大健康产业国家战略布局、是否满足可持续性发展要求、是否贴近生态健康的建设需求等。因此，医药企业技术创新不仅追求经济效益，同时还不能违背大健康的战略目标，其创新模式与理念实际上更趋向一种绿色技术创新方式。随着可持续性发展和环境保护等科学理念的兴盛，新时代提出了绿色技术创新方式，这背后折射的是当代企业履行的社会责任，即表明企业技术创新行为应当把维护环境健康、道德伦理健康等成本计入创新投入成本。综上，绿色技术创新方式是大健康产业链技术创新发展的必由之路，提升绿色技术创新效率更符合医药企业绩效管理的目标。

1.6.4 市场导向

市场导向是市场机制在经济资源配置上发挥的价值导向作用，即资源可以在市场上通过自由竞争与自由交换来实现在经济主体间流动。实现资源配置的市场导向作用，关键性条件在于：第一，市场信息充分透明化。每个经济主体都能及时地获取到想要的、真实的市场信息，从而使经济决策行为符合市场价值规律。第二，减少不必要的行政干预，降低行业准出入门槛，实现要素资源的自由流通。第三，遵循客户至上的理念，企业生产与营销紧紧围绕服务客户去获取长期经济效益。遵循市场导向作用，有助于企业经营管理行为顺应行业市场发展趋势，调动要素资源实现最优生产组合，消费者最大限度地以愿意支付的价格购买到满意的商品服务，例如企业遵循市场规律研发的新产品，更易吸引消费者的青睐。

根据双元理论，市场导向又可分为前瞻性市场导向和反应性市场导向。前瞻性市场导向是指未来潜在消费或竞争领域驱动下经济主体的市场反应，企业作为生产活动的组织者，为了抢占新兴市场份额，培育新兴市场竞争优势，大力发展适应市场需要的新技术和新产品。反应性市场导向是指当前市场消费特点或竞争形势驱动下经济主体的市场反应，通常企业根据内外部经营环境分析，充分利用企业现有资源要素，调整企业经营决策，来适应当前市场发展形势。双元市场导向对企业技术创新与经营绩效的影响领域存在差异。前瞻性市场导向，企业技术创新倾向于针对未来可能兴起的消费领域研发新技术与新产品，经营战略甚至会发生根本性变化，因此新产品销售能否获得市场认可存在一定的风险，且对企业当年的经营绩效影响也存在不确定性。反应性市场导向，企业技术创新通常根据现存的产品体系和技术水平，结合市场对当前企业销售产品的反应结果做出适当的调整，承担经营决策风险的成本较小，并且对短期内企业经营绩效有较大的刺激作用。

1.6.5 投资效率

投资效率是指市场经济主体通过一系列的投资组合行为，来获取经济收益的综合评价。投资效率的来源为有效的投资行为，投资行为对象主要有两个：一是实业投资；二是金融投资。实业投资大多发生于企业生产经营扩张过程中，企业为了提升核心竞争力，制定产业战略规划，加快产业生产布局，因此加大企业固定资产和流动资产投资以期获取高额的投资收益，提升企业经营绩效。金融投资大多发生于企业资金管理过程中，企业为了实现资金充分利用和资金价值最大化，将闲余资金购买金融资产，如股权、债券、外汇等，用于获取增值收益，防止或抵御货币贬值和通胀的金融风险。因为投资对象、性质不同，实业投资和金融投资在流动性、投资期限等方面也存在差异。相对于实业投资，金融投资行为的变现能力更强，资产流动性较高，投资期限上也更具伸缩性，可以选择投资期限短的金融资产投资项目。在大健康战略驱动下，大健康产业链公司近年来金融投资和实业投资的进程加快，特别是实业投资带来了大健康产业规模的迅速扩张，为全民健康管理奠定了物质基础。

1.6.6 经营绩效

经营绩效（Management Performance）是指组织机构在一定时期内生产经营活动产生的经济效益，是对生产管理效率的综合评价。早期的经营绩效评价体系，主要基于效率管理的思想，为了提高企业生产管理效率，主张采用财务性指标衡量企业绩效，常用的财务指标有总资产收益率（ROA）、净资产收益率（ROF）等。尽管财务指标简单、直接、有效地反映了企业的财务绩效，但容易失真反馈企业绩效其他方面的效率问题。20 世纪 90 年代以后，随着以人为本和战略管理的经营思想转变，企业经营绩效的评价体系不仅开始关注员工职业发展以及企业员工之间社会关系状况，同时立足于企业竞争战略层面，反映企业战略执行进度与效率。例如，现代企业经营绩效的经典评价方法之一——平衡计分卡，为了实现战略制导，防止战略执行脱节，以企业竞争战略为核心，建立财务指标、运营管理指标、顾客指标、员工成长指标四个方面的衡量体系。综上，经营绩效评价经历了由财务指标扩展到非财务指标、由短期绩效到长期绩效的发展过程。

在大健康战略背景下，医药企业经营绩效的提升策略离不开企业战略规划，经营绩效的综合评价也绕不开战略执行效率，经营绩效的考核体系更脱不开员工的成长发展水平。在大健康战略驱动下，当今大健康产业发展将面临新的技术要求、新的管理理念，医药企业经营绩效的评价不应纯粹地追求经济效益，只选择财务性指标衡量，应当借鉴平衡计分卡的战略管理和以人为本的经营理念，建立多维度的全面评价指标体系。基于经营绩效全面评价指标体系，经营绩效的影响因素比较多，大致可分为内部环境因素和外部环境因素两类。其中，内部环境因素主要分析企业内部环境条件对经营绩效的影响，如企业文化、企业激励制度等；外部环境因素主要描述企业绩效受外部环境变化的影响，如政策改革、市场竞争强度等。大健康企业经营绩效的衡量不仅要结合战略管理思想，也应该结合现代企业管理思想，从多个维度进行综合探析。

1.7 研究框架

本书通过文献研究法归纳得出了大健康战略驱动下企业技术创新现状及经营绩效的影响因素，根据大健康战略驱动下的企业绩效特征，研究分析企业技术创新、市场竞争强度、投资效率对企业经营绩效的影响关系，建立了企业技术创新、市场竞争强度对企业绩效的影响关系模型，根据模型对影响关系进行假设，通过问卷调查得到企业数据，科学分析、验证大健康企业技术创新、市场竞争强度对企业绩效的研究假设。

第 1 章为绪论，主要介绍本书的研究背景、问题陈述、研究目的和研究意义，并梳理了本书的理论范畴，给出了研究范围、概念界定及研究框架。

第 2 章为文献综述与理论基础，主要包括经营绩效的现有研究，企业技术创新与企业绩效作用关系的现有研究，市场竞争强度与企业绩效作用关系的现有研究，企业技术创新、市场竞争强度和企业绩效作用关系的现有研究，此外还梳理了相关的理论基础，如创新理论等。最后提出了本书的研究假设与研究模型。

第 3 章为研究方法与设计。研究设计如何分析企业技术创新、市场竞争强度对企业绩效的影响关系，建立技术创新、市场竞争强度、投资效率与企业绩效的影响关系模型，介绍研究过程和研究方法。选取 30 家大健康产业链医药企业，根据变量定义设计预问卷，阐述调研问卷的设计过程，并发放预问卷收集数据，对预问卷进行信度分析、效度分析与因子分析，最后形成正式问卷；在创新效率指标设定中分为投入和产出指标，将创新资源和产生的物化、经济价值考虑到其中，为创新效率的优化起到借鉴作用。

第 4 章为实证分析。运用实证的方法对大健康企业技术创新、市场化强度与经营绩效的关系进行全面分析。在此过程中，采取问卷的方式收集基础数据，并利用 SPSS 22.0 软件进行统计分析，验证大健康企业下的技术创新、市场竞争强度与企业绩效的影响关系，以及投资效率在企业技术创新、市场竞争强度与企业绩效中起的中介作用。

第 5 章为案例分析。以知本康业集团为研究案例，分析在大健康战略下企业竞争发展存在的问题，剖析问题存在的成因，并给出解决方案。

第 6 章为结论与建议。结合理论分析以及实证检验的结果，得出本书的研究结论、局限性，提出对策建议。

本书的研究框架如图 1-3 所示。

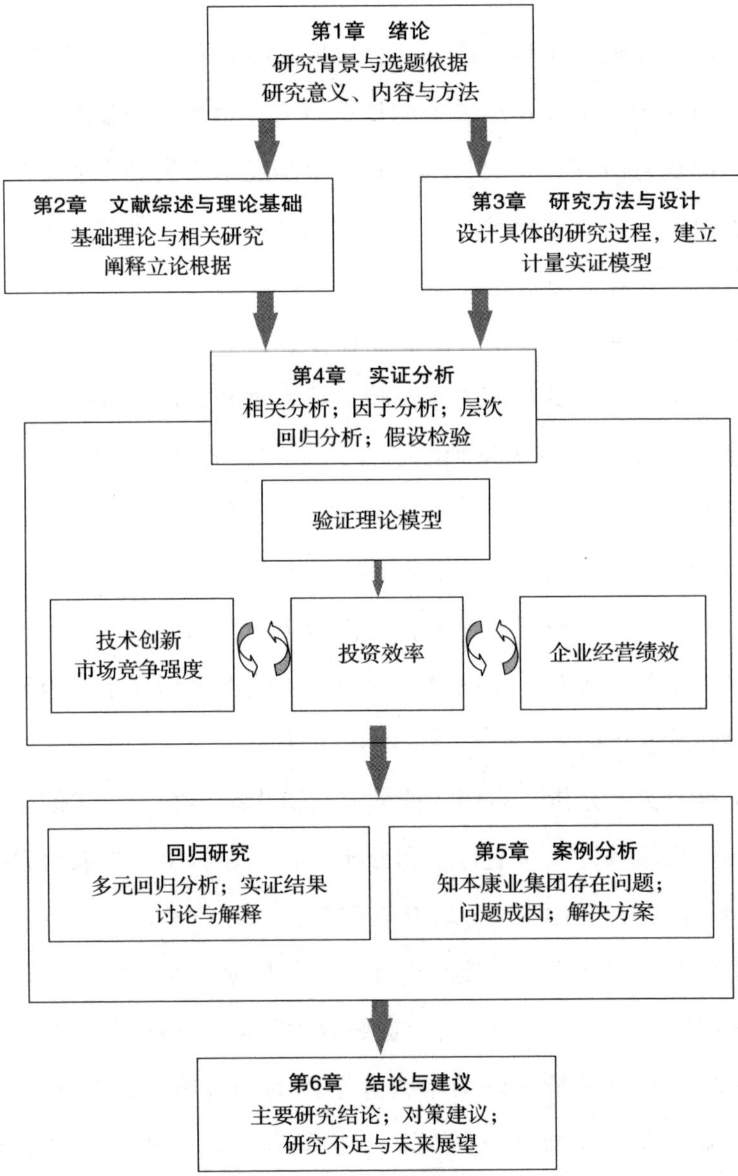

图 1-3　研究框架

1.8 本章小结

第一，基于健康中国战略的研究背景，阐述了大健康战略的内涵，并通过大健康产业数据分析，分析了我国医药制造业技术创新发展现状及其不足，说明了研究大健康战略驱动下技术创新对企业经营绩效的影响重要性；研究了大健康企业技术创新、市场竞争强度影响经营绩效的作用机理，优化设计技术创新实施路径，分别对企业管理学科建设与发展大健康产业贡献了理论拓展价值和实践应用价值两方面。第二，分析当前大健康战略背景下技术创新、经营绩效需研究的主要问题，并给出了研究的目的与意义，通过对技术创新、市场竞争强度、投资效率和企业绩效之间的作用机理做深入的研究，为实证研究假设和对策建议提供了必要的理论支撑。第三，从理论范畴、应用边界和研究对象阐明了研究范围。第四，明确给出了研究的自变量技术创新、市场竞争强度、中介变量投资效率、因变量经营绩效四个变量的概念界定。第五，对本书的结构框架进行了阐述。

2 CHAPTER2

文献综述与理论基础

为了探讨大健康企业技术创新、市场竞争强度对经营绩效的影响，按照研究内容的结构设计，本章将阐述与研究主题相关的文献综述与理论基础。首先，通过中国知网、万方数据知识服务平台和谷歌学术搜索等网站检索技术创新、市场竞争程度、企业投资和企业绩效等关键词，开展与研究主题相关的大量文献研究，梳理了经营绩效、技术创新、市场竞争强度和投资效率的研究现状，并做好相应的文献述评及指出本研究将做出的理论与实践贡献。其次，阐述相关的基础理论，为后文的研究假设和研究设计提供理论依据，也为全书的研究奠定理论基础。最后，借鉴国内外学者的研究成果，结合企业管理的理论基础，根据本书的研究主题，提出了三个研究假设：技术创新对经营绩效的作用、市场竞争强度对经营绩效的作用、投资效率的中介作用。

2.1 因变量：经营绩效

2.1.1 含义研究

经营绩效是企业管理研究与实践中一个重要环节，是企业战略与经营管理围绕的关键点。绩效通常翻译为“Performance”或“Achievement”，含义有表现、结果和成就。绩效反映了对某一类行为的结果评价和考核。例如，除了经营绩效，常见的绩效研究有创新绩效、工作绩效等。杨靓等（2020）基于协同创新理论，选取中国新能源汽车行业作为研究对象，探索了科学合作网络对企业创新绩效的影响。研究认为，企业专利申请量是技术创新产出和创新绩效最简单、最直接的结果，企业在研发合作网络的关系广度和强度均能显著地提升企业创新绩效。张古鹏、熊丽彬（2020）运用SCI论文发表数量和引用次数来衡量高校科研绩效，基于网络视角研究了高校间科研竞争关系与科研绩效的影响关系，利用随机效应面板模型实证得出：存在竞争关系的高校间，实力、地位领先的高校对落后的高校具有激励作用，正向促进了其科研绩效的提升，同时两者竞争强度对这种助推关系存在“U”形调节作用。综上，绩效的研究范围较广，同时也受到了学者的深入探索。

目前，学术界关于经营绩效的定义较多，导致经营绩效的评价标准尚未统一，在一定程度上影响了绩效理论的科学性与推广应用，主流观点主要有两个：一是基于组织行为视角，认为经营绩效是对经营活动在某个组织目标中的实现程度与结果的评价。譬如，以战略管理为核心的经营绩效考核系统，其关键就是围绕企业战略的实现程度而评价企业经营绩效。张浩等（2020）认为，科技成果效益表现主要有直接应用的文化效益和产品转化的经济效益、民生效益、政治效益、生态效益，并从这五大层面设计了三个面向国家科技发展战略的绩效评价指标体系，实证结果显示，多年来我国科技成果转化的战略绩效处于中低水平，且单一层面效益偏倚现象较重。二是基于组织成员视角，认为经营绩效是组织满足各成员或团体需求与期望的程度。根据利益相关者理论，企业管理者为了提升公司业绩，同时满足和照顾某类企业成员（如股东、企业高管等）的利益，对当年经营绩效的考核将紧紧围绕成员利益动机而推进。例如，孙俊成等（2019）通过企业高管利益维护动机研究了经营绩效的影响因素，选取2006—2016年沪深上市公司作为研究样本，运用多元回归实证分析发现：高管—职工薪酬差距显著地提升了企业经营绩效，但在非国有企业异质性分析中，这种管理层权力衍生的薪酬差距传导的促进作用受到了明显抑制。

经营绩效的定义无疑将深深地影响企业经营活动中经营绩效评价与经营绩效管理。在大健康战略背景下，大健康产业链中医药企业和健康管理服务公司面临着巨大的战略变革和市场发展机遇，企业经营绩效未来容易造成大分化格局。顺应国家大健康战略布局要求和市场需求的发展变化，打造企业核心竞争优势，经营绩效可能大飞跃地迈上实质性高水平台阶；如果不顾大健康战略时局变化，过度关注如何调节企业利益分配，那么就可能导致企业运营资源分散化、碎片化，医药企业更可能错过大好的发展时机。因此，作为本研究的结果变量，经营绩效的评价更加倾向于企业战略目标或意图的实现，更加细致地研究大健康产业链上下游企业对大健康国家战略的反响配合程度。针对企业经营绩效管理，提出的对策建议也将基于大健康战略背景，紧紧围绕企业技术革新和战略管理为核心而进行优化产业布局。

2.1.2 经营绩效评价

企业经营绩效评价是企业绩效研究的核心内容，为企业绩效管理奠定了基础条件。理论界关于企业经营绩效评价的方法很多，有主观评价法和客观评价法，也有定性评价法和定量评价法。主观评价法通常运用定性的问题来评价实际问题，这与客观评价法的操作流程存在区别，具有易操作、易获得等优势，但不可避免地容易遭遇准确性的质疑。客观评价法通常使用企业经营的实际经济数据来衡量企业绩效，其准确性得到了广泛认可，但由于获取成本较高，实践操作有局限性。随着统计技术的进一步发展，许多学者使用计量方法来分析经济问题，从而规避定性分析方法的局限性，使研究结论更具说服力。基于不同的企业管理理念和文化，经营绩效评价指标也呈现内容差异，学术界在分析不同的绩效管理实际问题时，尚未形成统一的标准。从发展历程来看，经营绩效评价研究大致有以下两个特点：

第一，从财务绩效到非财务指标的综合评价法。自 19 世纪工业革命以来，工厂流水线生产形式在世界各地得以推广，公司管理层普遍关注如何提高生产效率，催生了理论界热衷于财务绩效研究，即使是用单一的财务指标衡量企业生产效率，如著名的杜邦财务分析法。何宜庆等（2017）基于价值创造的视角，实证研究了“研发投入—企业价值创造—财务绩效”的影响路径，认为研发投入对财务绩效将产生直接的正向影响，并以托宾 Q 值来实证估计了制造业上市公司的财务绩效。单蒙蒙等（2019）为了探究企业履行社会责任带来的经济效益，选用财务绩效作为研究模型的因变量，并且使用会计报表中的净资产报酬率来衡量财务绩效，在实证建模过程中为了降低内生性，选择将净资产报酬率滞后 1 期。20 世纪 70 年代以后，随着全球化和信息化进程的加快，学者们发现财务绩效主要是反映企业短期内的业绩，主要体现企业过去的经营状况，导致在研究和实践应用的过程中，仅考虑了过去的绩效，而往往忽视了利于企业未来发展的长期绩效，这样的企业绩效研究设计一直备受国内外诟病。因此，市场占有率、员工心理契约、客户满意度等非财务指标开始进入学术界和企业管理层的视野。娄奇龙（2020）从财务、客户和内部运营维度综合测度了中小企业的经营绩效，其中在财务维度选取了营业总额、营业利润额、投资回报率和成本费用率四个指标，在客户维度选取了单客户平均年营业额、渠道占有率、客户关怀活动次数和客户关怀活动客户数量四个指标，在内部运营维度立足于客户管理流程、运营管理流程、法规与社会流程和创新流程四个视角。董梦婕（2020）认为，传统的企业绩效考核过于偏重对财务绩效的评价，容易造成企业管理决策为了追求短期效益而损失潜在的价值增长，因此主张应用非财务指标评价企业经营绩效，并且选取了研发支出强度、高管相对平均薪酬、股权集中度、独立董事比例和本科以上员工占比等指标来构建非财务指标的绩效评价体系。

第二，经营绩效从单一化到多元化评价法。尽管以财务指标为核心的企业经营绩效客观评价法运用得十分广泛，在实践中也受到了企业管理者的推崇，并且通过丰富非财务指标而大大完善了客观评价法，但是这种单一的客观评价绩效模式仍然存在重大的缺陷：一是与企业经营活动相关联的客观指标不易获得性，获取数据指标需要付出较高成本，导致在实际应用中存在一定的困难；二是客观评价指标体系大多来源于反映企业实际经营状况的财务报表，因此选取的指标之间往往存在较高的共线性，从而影响绩效评价结果的准确性，不利于实证模型的进一步检验估计。20 世纪 80 年代以后，随着计量统计方法的快速发展，学者们借鉴主观评价法和统计分析法的优势，提出了一种兼具特长的多元化绩效评价法。韩飞飞（2018）认为，超媒体叙述作为图书出版的一种创新模式，探析超媒体叙述模式与图书出版经营绩效的影响关系则显得十分必要，衡量图书出版经营绩效时运用了多元化绩效评价法。结合波特假说，选取了财务绩效和市场绩效两个方面来衡量经营绩效，并通过市场调查主观评价多个具体问题，来估计市场绩效和财务绩效的综合得分。李楠（2019）为了探究商业银行创业导向、动态能力和企业绩效的影响关系，在测量企业经营绩效时也运用了多元化绩效评价法。首先，借鉴非财务指标的绩效评价思想，选择财务绩效、市场绩效、成长绩效三个维度来综合评价企业绩效。其次，通过主观评价法设置了多个具体指标问题来说明每个维度。最后，运用统计方法的结构方程模型估计企业经营绩效以及各因子影响参数值。

2.1.3 影响因素研究

关于企业经营绩效的实证研究，学术界通常把企业绩效当作研究模型中的结果变量，偶尔也充当中介变量的角色，本书将企业经营绩效作为实证模型的因变量。为了优化企业绩效管理系统，提升企业经营绩效，学术界从不同的视角，借鉴最新的管理理论，对企业经营绩效的影响因素展开了深入探讨，研究成果包含了多层次和多方面的影响因子，具体可以分为企业内部影响因素和外部环境影响因素。对于经营绩效的企业内部影响因素，静态研究主要从企业高管或员工特质背景、企业性质、组织结构等视角，动态研究热点有领导行为艺术、公司管理决策、员工技术创新等视角。周锦培（2020）利用 2009—2018 年沪深主板上市公司的经营数据，基于倾向得分匹配法和 Logit 模型，研究了CEO金融背景对企业经营绩效的影响。发现中介作用检验表明具有金融背景的CEO容易增加企业经营的金融风险，没有直接证据表明具有金融背景的CEO能够显著地提升企业经营绩效，主要原因是委托代理人机制的不健全，经理人更加注重企业短期业绩提升，而增加了金融投资风险。对于经营绩效的外部环境影响因素，主要阐述的是外部环境的变化对企业经营绩效的影响，大多涉及的是动态研究，如市场化程度、供给侧结构性改革、国际贸易战、环境规制等；少部分涉及静态研究，如计划经济对企业绩效的影响等。韩晶等（2020）研究了"一带一路"倡议对上市企业经营绩效的影响，认为"一带一路"主要通过供给型产业政策、需求型产业政策和环境型产业政策对企业绩效产生作用。利用2009—2018年沪深主板上市公司数据，运用PSM-DID模型实证检验了"一带一路"倡议对企业经营绩效存在正向影响，研究发现供给型和需求型产业政策还存在显著的中介效应。

表2-1反映了近年来企业经营绩效影响研究的前沿视角。企业绩效的影响因素大致可分为企业层面、员工层面和外部环境层面。第一，在企业层面上，企业经营行为对经营绩效通常具有直接影响，如技术创新、企业投资活动等。其中，较多学者持有技术创新驱动观点。第二，在员工层面上，主要关注如何促进员工和管理层工作行为与组织目标相一致，如股权激励、高管背景特征等。不少学者认为，创新激励机制有助于推动企业员工主动维护企业集体利益。第三，在外部环境层面上，主要研究了经济外部性对企业绩效的间接影响，如政治关联、环境规制等。其中，政治管理对经营绩效的影响尚无定论，研究分歧较大，但环境规制对企业绩效的提升作用获得了较多学者的实证研究支持。

表 2-1　近年来企业经营绩效影响研究的前沿视角

研究视角	主要观点	代表学者
技术创新	企业通过技术创新绩效，创造企业价值	鲁啸军、张昕然（2021）；李梦雅、严太华（2020）
股权激励	基于激励机制认识提升企业绩效的驱动力	王思薇、韦煜（2020）；王婧、毛蕴诗（2020）
高管背景	从领导者个人特质出发，探讨领导者对企业绩效的影响	包莉丽等（2020）；周锦培（2020）
政治关联	政治关联揭示了政企联系对企业绩效的非线性影响	张立民等（2015）；魏伟等（2017）
环境规制	环境规制催生了企业绿色生产技术方式，提升了企业长期绩效	杨蓉、彭安祺（2021）；张慧霞（2020）

张海波、李彦哲（2020）基于延伸的交易成本理论，研究了对外直接投资（ODI）进入模式对跨国企业海外经营绩效的影响。选取了中国制造业跨国企业 406 家海外子公司作为研究样本，并且采用海外子公司主营业务平均增长率指标来衡量跨国企业海外经营绩效。运用多元回归分析，首先研究了 ODI 进入模式理性选择（合资模式或独资模式）的影响因素，其次研究了 ODI 进入模式对跨国海外经营绩效的影响。实证结果显示，跨国公司海外经营越丰富，越偏向选择 ODI 独资模式，且能带来更好的海外企业绩效；ODI 合资模式适用于东道国经营环境不稳定、有风险的条件下，此时能促进海外经营绩效的提升。

俞金红、于明超（2019）基于政治关联理论，研究了财政补贴、寻租成本与新能源企业经营绩效的影响关系。选取了 2009—2016 年中国沪深主板新能源概念上市公司作为研究样本，并且采用营业管理费用占总营业收入的比重来衡量企业寻租成本，采用总资产收益率（ROA）和净资产收益率（ROE）来衡量新能源概念上市公司经营绩效。运用固定效应回归模型和随机效应回归模型，首先研究了财政补贴对新能源企业经营绩效的影响，其次验证了寻租成本在财政补贴与经营绩效之间的中介作用。实证结果显示，财政补贴强度每增加 1%，ROA 会降低 0.79%、ROE 会降低 1.33%。同时财政补贴会促进企业寻租行为，寻租的中介效应约占经营绩效总效益的 1/3。

王晓燕、梁彦清（2019）基于技术创新理论，研究了不同成长阶段企业的研发投入和企业经营绩效的影响关系。选取了 2012—2018 年深圳创业板上市公司平衡面板数据作为验证样本，并且采用主成分分析法估计成长机会指数，采用托宾 Q 值来衡量上市公司当期绩效。运用面板门槛回归模型和固定效应模型，首先研究了成长机会对研发投入与经营绩效的影响，其次验证了成长机会、研发投入对上市公司绩效的行业异质性分析。门槛回归结果显示，成长机会存在双门槛区间效应，区分中低成长阶段第一个门槛值为 0.216，区分中高成长阶段第二个门槛值为 0.712。在低成长阶段和高成长阶段，研发投入对企业绩效分别表现显著的负向效应和正向效应。

张倩倩、李小健（2018）基于委托—代理理论与利益相关者理论，研究了高管股权激励、代理成本对沪深农业上市公司经营绩效的影响。选取了 2011—2016 年 110 家沪深农业上市公司平衡面板数据作为研究样本，并且采用高管持股比例（MSR）来估量高管股权激励，采用总资产收益率和净资产收益率来衡量农业上市公司经营绩效。运用固定效应回归模型和随机效应回归模型，首先研究了高管股权激励与企业绩效的影响关系，其次检验了两类代理成本在高管股权激励与经营绩效之间的中介作用。实证结果表明，高管股权激励对提升企业经营绩效存在显著的积极作用，只有第二类代理成本（大股东和中小股东）在高管股权激励与经营绩效之间起到显著的中介作用。

Hsieh 和 Klenow（2017）使用全要素生产率衡量了制造业经营绩效。利用中国制造业 1998—2015 年的经营数据，估计了制造业的资源配置效率。实证结果表明，资源配置效率显著地正向影响了制造业的经营绩效，即资源实现有效配置将推动制造业全要素生产率上升 87% ～ 115%。

Vachon 和 Klassen（2018）基于协同理论视角，以北美地区制造业企业为研究对象，分析了环境规制下如何提升企业绩效。研究发现，制造业企业与上游供应商的环境保护协作能力对企业经营绩效具有显著的正向影响。研究结论揭示了在当前严格的环境规制约束下，企业如何正确地处理环境保护和企业绩效的平衡关系。

Brower 和 Mahajan（2018）选择企业内部视角剖析了企业绩效的影响因素，重点分析了企业社会责任对经营绩效的影响。以美国东北部 600 家企业作为研究对象，把企业社会责任划分为五个维度进行测度，研究发现，企业履行社会责任可提高消费者的品牌认可度，并显著促进了经营绩效的提升，有利于实现企业的可持续发展。

Conyon 等（2019）研究了国际资本直接参与对目标企业绩效的影响关系。通常而言，企业并购重组，注入新的企业资本后，将直接改善目标企业的资产负债状况，特别是跨国公司的并购将产生文化差异，这可能对目标企业存在潜移默化的影响。以企业微观数据为样本研究发现：外资并购行为显著提高了被收购企业的生产效率和经营绩效，国际资本直接参与为企业经营管理注入了新的发展活力。

2.1.4 文献述评

综上所述，企业经营绩效研究在绩效评价、绩效影响因素等方面取得了丰硕的成果，企业经营绩效的影响机制也得到了一定的探讨，但仍存在以下不足：

第一，企业经营绩效的理论研究需要进一步探索。目前，学术界对企业绩效的研究主要涉及了西方管理学理论，如利益相关者理论、资源基础观理论等，利用国内上市企业的经营数据主要开展实证研究，但研究成果的推广应用有限，理论创新研究亟待进一步探索，特别是企业经营绩效的影响路径可以从多个视角进行创新研究，以弥补当前企业绩效理论的不足。

第二，忽视了员工参与企业绩效管理的积极性。从研究对象来看，许多学者关注企业管理层的经营行为动机或与之相关的因素，制度设计上主张加强对管理者的监督与激励，往往以企业管理层为研究核心，整个企业经营绩效的管理活动在一定程度上忽略了基层员工的积极性与参与性，忽视了企业绩效管理基础员工的建设作用，不利于员工正确理解企业绩效的理念。

鉴于当前研究不足，本书拟采用问卷调查的方式更加详细、准确地了解所有员工对企业绩效考核和管理的心理活动，估计员工层面对企业绩效的贡献度，从而丰富影响企业绩效的理论机制。

2.2 自变量 1：技术创新

2.2.1 含义研究

索洛经济增长模型论述了经济增长动力来源于人均资本存量和技术进步，而技术进步两大重要途径为技术引进与自主创新。在现实意义上而言，技术创新是技术引进后，技术积累到一定程度后技术水平质变的过程。关于技术创新的严格定义，主要经历了生产组织形式到应用价值实现的发展过程。早期阶段，熊彼特技术创新理论掀起了技术创新的研究热潮。这一阶段的技术创新研究，立足于生产组织形式视角，认为技术创新是通过新知识、新技术、新工艺和新方法，调整组合全部生产要素，实现新的生产组织形式的过程。这一阶段，技术创新研究强调生产技术过程的创新。20 世纪 80 年代，技术创新理论打破生产方式的研究局限，进入了新的发展阶段。在新的发展阶段，技术创新研究着眼于创新应用过程与价值，认为技术创新是为了提升核心竞争力，创新系统开展技术研发和生产管理模式创新，并实现商业市场应用的过程。这一阶段，技术创新不仅是生产技术的巨变，还包含了多方机构协同创新以实现商业市场应用的过程。刘文琦（2019）认为，技术创新是应用新技术、新工艺来占据市场制高点，实现市场价值的过程，并选用研发投入、企业技术创新产出、技术转移和创新成果四个方面评价了省域技术创新水平。

表 2-2 总结了当前技术创新常见的模式与分类。基于不同的视角，学者们对技术创新评价方法与思路存在差异，并根据技术创新模式划分建立了独具特色的评价指标体系。第一，根据创新参与主体不同，技术创新模式可以划分为自主技术创新和协作技术创新，其中合作技术创新体现了协同创新思想。第二，根据对生产方式的影响程度差异，技术创新模式可以划分为渐进性技术创新和突破性技术创新，渐进性技术创新和突破性技术创新体现了技术创新过程对生产方式从小到大的影响程度。第三，根据创新目标和对象不同，技术创新模式可以划分为探索式技术创新和反应式技术创新。探索式技术创新体现了创新组织为了开发主导新的甚至潜在的产品市场，开展激进性的创新探索。反应式技术创新体现了生产组织为了维持或提高当前的产品市场份额，开展渐进性的

创新行为。第四，根据技术创新的形态和内容不同，技术创新模式可以划分为产品创新、服务创新、技术工艺创新和组织创新四种形态。产品创新和技术工艺创新体现了一种物质形态的创新改变；服务创新和组织创新体现了一种软创新形式。

表 2-2 技术创新模式与分类

划分依据	模式与分类	学者代表
创新参与主体	自主技术创新	齐昕、刘家树（2015）
	协作技术创新	
对生产方式的影响程度	渐进性技术创新	邵云飞等（2016）
	突破性技术创新	
创新目标和对象	探索式技术创新	胡潇婷等（2020）
	反应式技术创新	
技术创新的形态和内容	产品创新、服务创新	罗建强、蒋倩雯（2020）
	技术工艺创新、组织创新	

综上，本书关于技术创新研究是基于大健康战略下，考察大健康产业技术创新发展水平与特点，认为技术创新不仅能带来生产组织形式的革新，而且这种新技术、新工艺也能够实现市场成果转化，促进大健康产业链医药企业转型升级。

2.2.2 技术创新与经营绩效的关系

一直以来，企业技术创新与经营绩效的关系是颇受关注的重要议题，技术创新对企业经营绩效的影响机制通过广大学者的不懈探究得以完善和发展。根据技术创新理论，技术创新会对现有的企业生产组织形式产生强大的冲击作用，并使企业生产效率大幅提升，最终促进社会生产力的根本性进步。部分学者基于技术创新的作用和目的认为，技术创新对企业经营绩效将产生积极的正向作用，并鼓励企业甚至地区大力开展技术创新，通过产学研深度合作，构建高效率的技术创新网络系统，从而提升企业技术创新能力。技术创新对企业经营绩效的促进效应，延伸至区域经济发展，就与内生经济增长理论结果相契合，认为技术创新是社会经济总产出增加的内在助推力。

宗刚、张雪薇（2020）基于极化效应、扩散效应、知识溢出和技术外溢等多个视角，探析了高铁开通对区域技术创新和区域经济发展的促进作用。选取了2005—2018年中国286个地级市的面板数据作为研究样本，并且采用发明专利授权数、实用外观专利授权数和在校大学生人数综合衡量技术创新水平，利用要素投入、创新发展、协调发展、绿色发展、共享发展和开放发展六个维度通过Fare-promont指数法测量了市域经济质量发展水平。运用双重差分模型，首先研究了高铁开通对技术创新、经济质量发展的影响，其次检验了技术创新在高铁开通与经济质量发展之间起到的中介作用。实证结果显示，高铁的开通有助于技术效率的显著提升，同时这种技术溢出效应带动了区域经济质量的提高与发展。

李梦雅、严太华（2020）基于风险投资支持的视角，预估了风险投资对企业技术创新与经营绩效的刺激作用。选取了2010—2016年中国深市创业板153家上市公司构成的面板数据作为研究样本，并且采用企业科技研发支出与营业收入之比来衡量技术创新水平，使用未来3年和未来5年的平均销售利润率来测量企业未来的财务绩效。运用Tobit回归与Heckman两阶段回归模型，首先研究了风险投资对企业技术创新的影响机制，其次检验了风险投资在技术创新与财务绩效的关系路径中的调节作用。回归结果表明，风险投资支持不仅能在多种不利的经营环境下对技术创新产生积极作用，而且还能够正向调节技术创新对企业经营绩效的促进关系。

夏文蕾等（2020）基于公司治理与创新补偿效应的视角，研究了绿色技术创新对媒体环保监督与企业绩效的影响。选取了2010—2018年中国沪深502家重污染上市公司经营数据作为研究样本，并且采用公司申请的绿色环保专利数量取对数衡量绿色技术创新水平，使用总资产收益率测量重污染上市公司经营绩效。运用面板回归模型，首先检验了绿色技术创新对经营绩效的影响结果，其次研究了媒体环保监督在绿色技术创新与经营绩效的影响关系中起到的调节作用。实证结果显示，绿色技术创新与企业滞后3期经营绩效存在正相关性，说明绿色技术创新行为促进了重污染企业长期绩效的改善；媒体监督行为对企业经营绩效不仅产生直接的积极作用，而且还能够正向调节绿色技术创新对重污染企业经营绩效的促进关系。

宋艳等（2021）基于专利质量的视角，研究了专利质量对技术创新类型与企业经营绩效的影响。选取了2014—2018年中国沪深179家信息技术硬件行业上市公司的面板数据作为研究样本，并且采用每年不连续性创新数量和连续性创新数量区分技术创新类型，使用主营业务滞后2期指标衡量企业经营绩效。运用随机效应回归模型，首先研究了专利质量对上市公司经营绩效的影响，其次检验了技术创新类型在专利质量和经营绩效的促进关系中起到的调节作用。实证结果表明，专利被引次数、权利要求数量对提升企业绩效均存在显著的推动作用，连续性创新数量全部正向调节了专利被引次数、权利要求数量对提升企业绩效的影响关系。

Booth（2015）研究了技术创新与企业绩效的影响关系。该研究以

2009—2014 年美国上市企业为数据样本，选取托宾 Q 值来测量企业绩效，运用 Ohlson 模型进行估计，研究发现：技术创新投入显著改善了企业现金流状态，提升了企业市场价值，但是技术创新投入对企业利润、经营绩效的增长效应存在滞后现象，侧面证明了企业技术创新行为的回报周期较长。

Reitzig（2017）借鉴 Griliches 的研究方法，使用专利数量来衡量技术创新产出，使用销售收入来测量企业绩效，采用德国制造业的专利和经营数据进行实证估计。研究发现，企业的专利申请量显著地促进了经营绩效的提升。结论还表明，对于技术创新水平较低或技术实力不足的企业，通过他人或机构发明专利的授权量，也有助于改善企业的经营绩效。

Maurseth（2018）研究了技术创新水平对企业经营绩效的影响，并且使用专利质量来代表企业的技术创新水平。在实证过程中，收集了企业专利引用次数的具体数据来测量企业专利的质量。实证结果表明，专利被引次数显著地促进了企业绩效的提升，特别是技术联系密切的行业，专利被引次数越频繁，企业技术创新给经营绩效带来的溢出效应就越大。

尽管许多学者运用大量的实证过程验证了技术创新对企业绩效与经济发展的促进效应，但是仍有部分实证研究表明技术创新外溢可能产生负面的经济效益，甚至存在门槛值或边界条件的非线性影响关系。与索洛经济增长模型和内生经济增长理论不同的是，部分学者认为技术进步、技术创新的折价效应来源于技术研发投入效率的不确定性，即技术创新能否促进企业绩效与经济增长，关键在于经济主体在一定时期内技术研发投入产出比是否达到了预期的目标效果。而技术研发投入产出比的提高，主要依赖于科技创新（如新专利申请数量）和科技成果市场转化应用程度两个方面，专利发明申请数量越多和科技成果市场转化率越高，说明技术研发投入效率越好。综上，从研发投入产出角度来看，“研发投入效率—技术创新—企业经营绩效”理论作用路径在特殊的经济环境和周期内可能出现负向影响结果。

田楚楚（2020）基于双元创新与间断平衡理论，研究了研发投入跳跃对企业经营绩效的影响作用机理，并运用建模分析论证了二者的门槛联系。选取了2008—2017年中国沪深上市公司面板数据作为研究样本，并且采用计算研发投入GARCH模型标准化残差的最大值作为研发投入跳跃的取值，使用总资产净利率滞后1期指标衡量上市公司经营绩效。运用门槛回归模型，首先研究了研发投入跳跃对上市公司经营绩效非线性影响，其次探讨了研发投入跳跃与企业经营绩效影响关系的异质性分析。门槛回归结果表明，研发投入跳跃对企业绩效的影响存在双重门槛效应，且第三区间内研发投入跳跃明显不利于企业绩效的提升；异质性分析结果显示，非国有企业存在规模门槛，且盈利门槛低于国有企业。

陈静怡等（2021）基于双元创新理论，研究了研发投入对企业经营绩效的影响。选取了2016—2019年中国沪深主板环保行业61家上市公司经营数据作为研究样本，并且采用研发资金投入强度和研发人员投入强度两个方面衡量研发投入，使用主营业务利润率、资产收益率两个指标测量企业经营绩效。运用多元回归模型，首先研究了研发投入对当期企业绩效的影响，其次探讨了研发投入对长期企业绩效的作用。多元回归实证结果表明，研发资金投入强度会显著降低企业当期经营绩效，只有对滞后1期资产收益率、滞后2期主营业务利润率时才表现积极作用；但研发人员强度改善企业短期绩效仍十分有效。

李婧（2018）基于技术创新过程的视角，研究了企业技术创新对上市公司经营绩效的影响。选取了2014—2016年中国创业板上市公司面板数据作为研究样本，并且采用研发经费投入、科技人员投入、无形资产投入、专利授权数四个维度分析技术创新的过程，使用总资产收益率和营业利润率（TTM）两个指标衡量经营绩效。运用多元回归模型，首先从研发经费、科技人员和无形资产方面分析了技术创新投入对企业绩效的影响，其次从专利授权数探究了技术创新产出对经营绩效产生的作用。多元回归结果显示，研发经费投入对企业当期经营绩效具有副作用，特别是高强度的研发经费投入表现更为显著；无形资产投入也不利于技术创新产生短期正向经济效应，尤其是高强度的无形资产投入表现更为明显。

Brown等（2019）选取了2000—2018年西方发达国家和日本高新技术企业为研究样本，利用净利润和销售收入增长率测量企业财务绩效，研究技术创新投入对高新技术企业绩效的影响，论证了技术创新的“投入陷阱”现象，研究发现：创新投入增加大约4倍，销售收入增长率仅增加12%。实证结果表明，部分发达国家企业技术创新投入的回报效率较低。

关于技术创新对企业经营绩效的影响，尽管在短期绩效验证范围内，较多文献实证得出的研究结论存在差异，但基本肯定了技术创新对企业长期经营绩效提升的推动作用。同时，为了进一步研究如何增加技术创新成果，从产出效率角度提出了技术创新绩效概念。通过探索技术创新绩效的影响机制，包括中介效应和调节效应，从而优化设计技术创新绩效提升的实现路径，因此许多学者影响技术创新对经营绩效积极作用的边界条件：企业内外部因素的中介或调节作用。通过技术创新对企业绩效影响边界条件的研究，有助于深入探索技术创新的影响机制，优化设计推动技术创新绩效提升的实现路径。曹娇（2019）认为，技术创新对企业绩效的提升作用是明显有效的，但技术创新的作用机制却不尽相同。企业技术创新活动对绩效能否发挥推动作用，容易受其他因素的影响。例如，基于760家创业板上市公司的研究样本，运用分层回归分析，实证发现在政府干预程度低、金融市场发展程度高、法律保护程度高的条件下，技术创新对企业经营绩效的促进效果较显著。冯婧（2020）认为，企业经营绩效的显著提高离不开技术创新推动，而技术创新发展更离不开金融资金的支持。通过多元回归分析，将2010—2019年中国高新技术企业作为研究对象，实证分析得出：技术创新投入对高新技术企业绩效具有显著的促进作用，并且内源融资规模正向调节了技术创新投入与企业经营绩效的影响程度，但债权融资在二者之间只产生负向调节效应。因此，企业应当合理调整优化融资结构，政府应当加大企业创新资金扶持力度，共同推动技术创新与经营绩效的进步发展。

2.2.3 文献述评

综上所述，技术创新通常作为自变量和较前沿的研究视角，揭示与企业绩效的影响机理，学术界虽取得了较丰硕的研究成果，但仍存在以下研究不足：

第一，技术创新的估计方法存在缺陷。在实证研究中，较多学者选择技术创新投入或者技术专利数量等指标来衡量企业技术创新，但单一指标估计法不可避免地存在一定的局限性，无法全面、准确地度量企业的技术创新能力，如发明专利数量既无法反映专利质量和技术创新影响问题，也无法真正衡量企业的技术创新能力。

第二，技术创新对企业经营绩效的影响路径有待进一步探索。当前的技术创新研究，大多以技术创新作为自变量或中介变量构建研究模型，旨在揭示技术创新绩效提升的影响路径。在影响因素的选择上，缺乏从地区、行业、企业等多方面整体综合性思考，忽视了技术创新在多个主体上的经济联系，不利于对技术创新与企业绩效影响机理的全面剖析。

针对当前文献研究的不足，本书拟采用多项指标更加全面地衡量企业的技术创新能力，以及围绕市场竞争强度和投资效率，揭示技术创新对企业绩效的影响路径，从而丰富技术创新和企业绩效的理论研究。

2.3 自变量 2：市场竞争强度

2.3.1 含义研究

市场竞争强度是每个企业所处行业面临的外部环境条件之一，是市场机制发挥资源配置作用大小程度的反映。市场竞争强度客观反映了公司所处行业面临的市场竞争环境与压力，在一定程度上反映了行业的准入门槛与技术水准。根据市场竞争环境，明晰企业在产业中的市场地位，遵循竞争导向与顾客导向，可以及时调整相应的市场经营活动，如开展技术创新、推行满足市场需求的高品质产品等，从而攫取更高的市场利润。陈琰等（2020）基于创业企业资源需求研究认为，市场竞争程度可以加剧资源流动性，促进创业企业绩效的改善。运用最小二乘法的线性回归模型，以 2009—2012 年中国创业板上市公司经营数据为研究样本实证估计得出，市场竞争程度越高的企业，越易于接受高效率的资源配置方式，从而推动企业经营绩效的提升。然而，学术界对过高的市场竞争强度也产生了一些质疑，认为无序的市场竞争环境会产生负面效应，如疯狂的价格战、山寨产品盛行等。魏卉、马晓柯（2019）基于经济外部性与利益相关者理论认为，企业履行社会责任有助于提升技术创新绩效，并且市场经济机制在二者影响路径中扮演了重要的角色。运用多元回归模型，将2010—2015年沪深A股非金融行业上市公司面板数据作为研究样本，实证结果证明，社会责任的履行显著地激励了企业技术创新行为，但市场竞争强度带来的创新风险与经营压力会负向调节社会责任履行与企业技术创新行为的促进关系。

学术界对市场竞争强度的定义整体上分歧不大，但在变量的具体测量方法与指标的选取上存在较大差异。常见的市场竞争强度衡量方法有指数评价法、主观评价法等。其中，指数评价法主要有赫芬达尔－赫希曼指数、行业集中指数、熵指数等。王攀（2020）在研究我国财产保险市场竞争程度的影响因素时，运用了多种指数法评价市场竞争程度。赫芬达尔－赫希曼指数计算结果表明，各地级市财产保险市场竞争程度平均值为0.2987，且临沂市的赫芬达尔指数值最低，说明该市财产保险市场竞争程度最高。行业集中指数估计结果显示，各地级市财产保险市场行业集中指数平均值为0.747。熵指数计算结果显示，各地级市财产保险市场熵指数平均值为0.7326。李顺彬（2020）实证研究了产品市场竞争程度与竞争地位对企业金融资产配置的影响，使用赫芬达尔—赫希曼指数估计产品市场竞争程度。具体而言，计算行业内各公司营业收入占行业总收入百分比的平方和即为赫芬达尔－赫希曼指数值。经测算赫芬达尔－赫希曼指数平均值为0.0993，说明中国非金融上市公司的市场竞争程度比较激烈。主观评价法是通过问卷调查方式，先获取市场竞争强度多个测量维度的具体指标值，再运用统计分析方法计算市场竞争强度综合评价值。曹晓昱等（2020）在问卷设计时，选取竞争对手数量、技术更新速度、新产品开发、价格竞争以及市场分销渠道五个维度衡量市场竞争强度。

2.3.2 市场竞争强度与经营绩效的关系

市场竞争强度常常被作为企业绩效重要的外部环境影响因素之一，来开展企业绩效影响机制的深入探讨。在许多计量模型中，市场竞争强度不仅是重要的解释变量，甚至作为中介变量或调节变量来探讨其在企业经营绩效影响路径中发挥的中介或调节效应。一方面，从市场机制功能视角来看，市场竞争程度反映了企业依据市场竞争导向，优化配置企业资源，提高企业生产效率的过程。因而市场化程度越高，生产要素保持高效流动，有助于企业经营绩效的提升，甚至市场外部性溢出对地区经济繁荣发展也存在巨大的推动作用。另一方面，从信息不充分视角来看，消费市场容易出现逆向选择行为，即当高质量产品无法准确、及时地被消费者识别时，低价滥造产品往往成了消费者的首选，传导至产品市场，“劣币驱除良币”现象会不断地复制增加。因此，一旦市场机制功能失灵加剧且没有制度规章纠偏，市场竞争强度反而会恶化产品市场环境，开始陷入无休止的价格战，破坏产品竞争生态，从而迟滞企业经营绩效的长期增长。因此，市场竞争强度对企业经营绩效的影响具有条件性和二元性，从不同的研究视角探索其对企业绩效影响的边界条件，具有重要的研究价值。

苏怡（2018）基于委托—代理理论与信息不对称理论研究了市场竞争程度对企业投资绩效的影响机理。选取了2012—2016年中国沪深制造业上市公司面板数据作为研究样本，并且采用勒纳指数和市场集中度两个指标来测算市场竞争程度，利用期初资产购买成本减去期初资产收回的现金净额来衡量企业投资效率。运用多元回归模型，首先研究了市场竞争程度对企业绩效的影响关系，其次从产权性质的视角开展了市场竞争程度对企业绩效的影响异质性分析。实证过程证实，市场竞争程度对企业投资绩效存在显著的促进作用，在非国有企业中市场竞争程度可以有效地抑制企业的非效率投资行为，而在国有企业中这种抑制作用减弱。

龚文（2018）基于高管激励视角，实证检验了市场竞争影响企业经营绩效的过程。选取了2003—2015年沪深制造业上市公司作为研究样本，并且采用营业收入占营业收入成本差的比值来衡量商品市场竞争程度，利用托宾Q值和市净率来测算上市公司经营绩效。运用多元回归分析，首先研究了商品市场竞争程度对市场绩效、财务绩效的影响，其次从企业性质角度分析了市场竞争程度对企业绩效的影响差异。实证回归结果显示，商品市场竞争与财务绩效、市场绩效都呈显著的“U”形关系；市场竞争和高管激励对企业作用的促进作用在非国有企业样本中表现得更为强烈。

郑思秀（2017）从收入分配视角验证了企业内部薪酬差距、产品市场竞争和企业经营绩效的影响机制。选取了2009—2015年沪深上市公司经营数据作为研究样本，并且采用企业数目和赫芬达尔－赫希曼指数综合来测量产品市场竞争程度，利用总资产收益率来衡量企业经营绩效。运用多元回归模型，首先研究了企业高管—员工薪酬差距对经营绩效的影响，其次探索了市场竞争程度在企业内部薪酬差距与经营绩效之间起到的调节作用。回归结果表明，企业高管—员工薪酬差距对经营绩效的影响呈倒“U”形关系，即在左侧区间内高管—员工薪酬差距可以促进经营绩效的提升，并且市场竞争程度可以正向调节薪酬差距与企业绩效的促进关系。

刘伟业（2017）基于创新理论研究了市场竞争程度对企业新产品创新绩效的影响。选取了2014—2016年互联网游戏行业四家企业经营数据作为研究样本，并且采用应用市场竞争度来测量产品市场竞争程度，用各企业收入占市场总额比值作为调整后的市场份额来衡量企业绩效。运用多元回归模型，首先研究了平台市场的竞争程度对创新速率和市场绩效的作用，其次分析了不同的市场类型对创新策略的影响。回归结果表明，平台市场的竞争程度在新产品创新速率和市场绩效关系中起到了正向调节作用，市场竞争程度越高越能促进创新绩效的提升。细分市场采纳创新资源配置策略，有利于获得更大的创新绩效。

Schmidt（2017）基于市场竞争程度的补充效应分析了“市场竞争程度—公司治理—企业绩效”的影响机制。研究结果显示，当面临信息不充分和员工道德风险行为时，公司治理将处于不同程度的无效状态，员工行为可能偏离组织目标方向，而市场竞争程度可以产生一定的补充效应，弥补公司治理失效部分，使企业绩效管理恢复正常约束，从而促进企业经营绩效的提升。

此外，学术界还将双元理论广泛应用于市场竞争研究领域，通过对市场竞争内容或类型的进一步剖析，来探索双元市场竞争对企业经营绩效、创新绩效的影响机制。双元市场竞争根据不同的市场需求演化为两类市场竞争导向，分别是反应型市场竞争导向和先驱型市场竞争导向。反应型市场竞争导向是指企业为了满足现行的客户需求及维持和扩大市场份额而做出的竞争部署。通常而言，反应性市场竞争导向是一种倾向被动性的竞争动态，且市场竞争程度往往比较激烈。先驱型市场竞争导向是指企业根据客户未来潜在的消费需求特点，为了提升新产品的竞争核心力，而做出先驱前瞻性的竞争规划。一般而言，先驱性市场竞争导向是一种倾向积极主动型的竞争动态，且市场竞争程度往往在初期较小，但由于市场的不确定性伴随的经营风险较高。

刘云等（2020）从双元理论的视角研究了市场竞争导向平衡效应

对高科技中小企业创新绩效的影响机制。选取了212家高科技中小型企业作为研究样本，并且采用李克特量表共8个题项来分别衡量反应性和先驱性市场竞争导向，利用4项员工对新产品市场表现的评价问题来测量新产品绩效。运用多元回归模型，首先研究了市场竞争导向平衡效应对企业双元创新的影响，其次探索了市场竞争导向平衡效应对企业新产品绩效的影响。实证结果显示，市场竞争导向平衡效应促进了企业双元创新行为，市场竞争导向平衡效应对企业新产品绩效的影响路径借助双元创新的中介作用而实现，并据此提出了中小企业科技创新管理启示。

熊娟（2018）基于市场导向理论研究了市场导向对新产品企业绩效的影响机制。选取了高新技术企业作为研究对象，通过市场调研获取了323份有效问卷，并且采用李克特量表评估了潜在和现有竞争对手的优劣势来衡量市场竞争导向维度，利用9项问卷题目分别测量了市场绩效、财务绩效和定性绩效三个构面，来说明企业新产品的开发绩效。运用结构方程模型，首先研究了市场竞争导向对企业创造力的影响，其次探索了创造力在市场竞争导向与新产品开发绩效关系中起到的中介效应。模型路径系数表明，市场竞争导向显著地影响了产品创造力和营销创造力，市场竞争导向也促进了新产品开发绩效的提升，且创造力在市场导向与新产品开发绩效关系中发挥了部分中介效应。

Atuahene（2019）从市场导向作用视角研究了市场竞争程度对新产品创新绩效的影响。通过收集澳大利亚300家上市公司数据，实证估计了市场导向对新产品绩效的影响程度。研究结果表明，市场导向显著地推动了企业新产品绩效的提升，企业遵循市场导向，开发的新产品贴合潜在市场的需求特点，同时在市场竞争中容易获得竞争优势，打败同行的竞争对手。

2.3.3 文献述评

综上所述，市场竞争强度作为地区市场化程度的反映指标，受到了许多国内外学者的关注，在实证建模中将之作为地区层面的经济环境描述指标。从研究成果来看，大量的文献研究表明，市场竞争强度不仅能够带来激励效应，而且过渡式市场竞争也可能产生负面效应。尽管关于市场竞争强度的效应研究取得了一定的学术成果，但仍存在以下不足：

第一，市场竞争强度对企业绩效的影响存在相悖结论。考虑市场机制对资源配置的基础作用，学者们在实证研究设计中检验了市场竞争强度对企业绩效的影响，但是实证结论却存在相反的现象。从研究对象来看，选取不同的行业和上市公司构建的面板数据，可能得出完全不一致的研究结论，较多学者认为市场竞争程度越高，企业利润的压缩可能带来绩效的下滑。

第二，内生性问题导致市场竞争强度的研究模型不科学。在研究市场竞争强度与企业经营绩效的理论模型中，在变量构造部分学者忽视了内生性问题，导致研究结论的可靠性值得怀疑。例如，政治关联、市场化与企业绩效的关系，高管监督机制、市场竞争程度与企业绩效的关系，等等。这些研究模型选择的变量存在一定的不合理性，影响了实证估计结果的准确性。

借鉴市场竞争强度的国内外研究经验，首先，对于研究对象选择及研究设计，本书将充分考虑变量内生性问题，模型估计也将包含必要的统计检验。其次，对于市场竞争强度产生的主要作用，本书将通过严谨的实证分析进行科学验证。

2.4 中介变量：投资效率

2.4.1 含义研究

投资效率是指经济主体通过一系列投资活动获得的收益报酬评价，包括来自利润、股利、利息等多种形式的货币收入。按照不同的研究视角，投资效率的形式具有多样性。第一，从投资活动来看，投资效率可以分为实体投资效率和金融投资效率。实体投资效率主要统计投资实体项目获得的经济收益，金融投资效率主要衡量投资金融项目获得的经济收益。金融投资效率还具有波动性、独立性和预见性等特点，具体而言，收益的不确定带来的波动性，金融投资效率往往独立于主营业务，收益根据经济模型和规律具有一定的预见性。第二，从投资主体来看，投资效率可以分为个人投资效率、企业投资效率和国家（地区）投资效率。从研究现状而言，个人投资由于资本的有限性和灵活性以及信息不充分，比较追求金融项目投资，学者们在衡量个人投资效率时倾向于统计金融投资效率；随着经济实力增强和市场优势地位确立，企业投资同时关注实体经济项目投资和金融项目投资，学者们在研究企业投资效率时更倾向于综合计算企业投资活动的收益。国家（或地区）投资通常出于稳定或繁荣区域经济而做出的投资决策，因此学者们在研究国家（或地区）投资效率时侧重于实体项目的投资效果。第三，从效益形式来看，投资效率主要来自经济效益和社会效益。狭义的投资效率主要是指投资主体获得的经济效益；社会效益主要是指某项投资活动对社会引起的外部溢出效益，通常出现在广义的投资效率研究中。乔永波（2015）在衡量企业环保投资效率时选用了环境效益和社会效益，其中社会效益构造了社会环保、社区环保、投资者环保和消费者环保四个准则层。

本书的投资效率主要是指大健康战略下医药和健康服务企业通过投资活动获得经济收益，收益来源包括实体项目和金融项目投资。目前医药企业投资项目一方面集中覆盖医药生产实体项目，通过投资扩大生物研发和生产线规模，旨在提高生产效率和抢占生物医药市场；另一方面利用闲余沉淀资金加快股权、债券等金融性资产投资，通过金融项目投资来提升企业资金利用效率。彭业新（2018）认为，目前基于现金流量表计算的投资效率，没有考虑资金沉淀的成本收益，影响了企业投资效率的准确估计，特别是衡量实体项目的投资效率时，不能仅仅依赖于现金流量表计算的内部收益率。项目资金沉淀虽然有利于项目投资灵活调整和抵御投资风险，但是也要防范资金利用效率过低和企业资本的浪费。因此，研究企业实体投资项目和金融投资项目的综合收益，更加有利于贴近医药企业真实的投资效率水平。

2.4.2 投资效率与经营绩效的关系

投资效率是企业管理层做出项目投资决策时重要的参考条件，也是企业投资项目管理效率的关键性考核指标，将对企业经营绩效产生重要影响，如企业购买证券将直接影响企业当期的投资损益。一般而言，投资效率对企业经营绩效的影响机制与动机可以分为直接路径与间接路径。一方面，大健康战略下医药企业通过长期的盈余管理结余形成的资金沉淀，为了提高资金利用效率，通过金融市场对外投资活动，攫取丰厚的投资收益，从而直接提高企业当期经营绩效；另一方面，大健康战略下医药企业通过产融结合机制，借助金融资本的力量助推企业主营业务的产业战略布局和产业大发展，利用资本撬动产业投资跟随技术升级的前进车轮，经历“产业投资—经营业务—企业绩效”的发展路径，从而间接影响提升企业未来的营业收入。企业通过产业投资活动，改造企业生产技术和提升技术创新水平，甚至引致企业生产结构升级、业务发展结构优化等良性循环的经济活动。因此，在日常经营活动中，投资效率对企业绩效既可能是单一的直接影响，也可能是通过产业升级改造带来的间接影响——企业经营绩效改善、扭亏为盈，甚至是两种路径兼具的综合性影响，这主要取决于企业具体的投资活动和投资效果。

杨媛（2019）基于企业融资和委托—代理理论研究了风险投资对高新技术企业创新绩效的影响机制。选取了2009—2017年创业板473家高新技术上市公司作为研究样本，并且通过市场定价机制、激励监督机制和风险分担机制等维度诠释了风险投资对企业创新绩效的影响，同时构造了创新投入与产出指标体系，运用DEA模型估计了企业创新绩效。运用处理效应模型与Probit风险投资决策模型，首先研究了风险投资行为对企业创新绩效的影响，其次进一步探索了风险投资行为差异对企业创新绩效的影响，如投资期限、投资方式等。实证模型估计结果表明，由于“自选择效应”风险投资行为与企业创新绩效存在显著的正相关性，因此风险投资的持股比例与联合投资对高新技术企业创新绩效的提升存在显著的投资溢价效应。

杨宇平（2019）基于协同效应和生命周期理论剖析了产融结合对企业经营绩效的影响机理。以复星医药为研究对象，通过案例分析、数据分析等方法，研究了产融结合的方式对企业经营绩效的促进作用。案例研究发现，复星医药实施产业资本与金融资本结合的投资机制，主要通过成立专业的财务公司与参股金融机构两种途径，直接作用于集团绩效。其中成立的财务公司有利于集中管理集团资金，参股金融机构有助于缓解融资压力与扩宽投资效率的渠道。财务数据分析表明，产融结合方式通过改善企业投资效率，有效地促进了复星医药企业经营绩效的提升。

企业投资效率通常具有波动性，收益水平容易受到多方面的因素影响，如个人投资素质禀赋和投资环境等。企业投资效率不仅容易受到企业管理层的整体投资素质和金融知识技能水平的影响，而且在投资过程中市场环境的突然变化也可能带来短暂性或持续性的影响，如重大经济政策调整。王威（2016）从金融知识和风险认知视角提出了投资效率影响因素作用机制，认为投资者个人特质如性别、婚姻状况等，以及其金融知识水平和风险认知共同影响了投资决策，从而决定了投资效率。值得关注的是，整个投资过程还易于受到投资特定效应的影响，如羊群效应、过度自信等。延伸至企业投资决策过程中，企业投资效率主要是由企业管理层管理素质和企业核心能力综合决定。企业拥有优秀的投资管理团队和强大的核心能力，有助于保证投资项目稳步有序推进，也有利于维持和提升投资项目较高的盈利水平。如企业技术创新，有效地增强了企业核心能力，为实体项目投资奠定了技术保障，从而有助于企业投资效率的提升。

张玉兰等（2020）基于技术创新视角，建立了京津冀经济圈制造业上市公司的投资效率评价体系。选取了2016—2018年京津冀制造业领域的158家上市公司为研究样本，运用DEA模型，测算了制造业上市公司的实体投资效率水平。具体而言，利用技术创新投入和生产投入方面来衡量投入指标，采用技术创新产出和财务产出来测量产出指标，再运用DEA模型来计算京津冀总体投资效率水平。DEA效率计算结果表明，制造业上市公司实体项目投资效率平均值保持在0.75～0.8，整体投资效率水平较低。Malmquist指数测算投资效率动态值结果进一步显示，京津冀制造业整体投资效率近年来呈下降趋势。从异质性分析来看，石油化工类企业和民营企业相对投资效率更低。

潘亚楠（2020）基于资源基础理论与信号理论研究了技术创新对投资意向的影响机理。选取了 2018 年中国“互联网 +”创新创业大赛全国总决赛的参赛项目作为研究对象，采用创业企业拥有的专利数衡量技术创新，利用大赛评委的投资意愿总值测量获取投资的可能性。运用多元回归分析，首先研究了技术创新对投资意向的影响，其次分析了创业项目内容准备、视觉化分别在技术创新与投资意向关系中起的中介、调节作用。研究结果表明，技术创新对创业项目投资意向具有显著的积极效应，内容准备在二者路径关系中发挥了部分中介作用，但是过度视觉化效果会负面影响创业项目的投资意愿。

Grichristet 等（2018）从企业外部视角剖析了企业投资决策的影响因素，重点分析了宏观经济的不确定性对投资决策的影响。宏观经济的周期波动，市场前景不明朗，导至金融信贷风险增加，企业将倾向于采用保守的投资策略。研究进一步细致地指出，宏观经济的不稳定性对投资决策的负面影响，主要来源于金融系统的自身摩擦。

2.4.3 文献述评

综上所述，企业投资活动事关企业战略规划和经营绩效，一直备受学术界和实践界关注。如何提升企业投资回报成为热点研究话题，并取得了一定的研究成果，但仍存在以下不足：

第一，企业投资效率缺乏系统全面的分析。企业投资活动涉及领域广泛，国内学者大多关注企业风险投资或金融投资行为，通常针对某一项投资活动进行收益分析，并且集中选取短期投资效率进行研究，缺乏对企业投资效率全面系统的分析。然而，大健康战略驱动下的医药企业投资项目选择比较多，既有金融投资又涉及产业实业投资，因此医药企业投资效率需要综合性地衡量。

第二，投资效率对企业绩效的作用机制有待进一步剖析。目前，投资效率对企业绩效的影响机制研究较少，特别是将投资效率作为中介变量的研究尚不多见，较常见的观点是投资效率与企业绩效是正相关的，提升投资效率具有重要的战略意义，但对具体的影响路径分析还不够清晰，因此投资效率对企业绩效的作用机制有待于进一步的分析。

借鉴国内外的研究经验，本书以投资效率为中介变量，研究大健康企业技术创新、市场竞争强度对经营绩效的影响机制，以弥补投资效率对企业绩效的作用机制研究领域的空白。

2.5 技术创新、市场竞争强度与经营绩效的关系

技术创新作为企业生产性变革的重要手段，市场竞争作为企业面临外部环境的关键条件，一直受到企业管理领域学者的关注，集中表现为研究市场竞争对创新行为、创新绩效的影响取得了较丰富的成果，但是关于技术创新、市场竞争强度对企业经营绩效直接影响机制的研究尚少，特别是以大健康战略为研究背景的大健康企业绩效的影响因素分析更不多见。

市场竞争强度反映了某个行业产品竞争激烈程度和行业准入门槛，在生存动机下激发了技术创新行为，影响了企业创新绩效，这也是市场竞争作为外部环境因素，通过技术创新，体现对企业经营绩效的间接促进效应。王遂昆、李菁（2021）基于产业组织与双元创新理论估计了高

新技术企业的逃离竞争效应，即企业通过加大创新投入试图避免被市场竞争淘汰，选取了 2014—2018 年创业板上市的高新技术企业作为研究样本，运用多元回归分析，估计了市场竞争对企业创新投资的影响。研究发现，产品市场竞争对高新企业创新投资具有促进作用，尤其是促进探索式创新投资表现得更为明显，同时政府补助的调节作用表明，政府补助会强化企业这种逃离竞争效应，即在激烈的市场竞争环境下，政府补助给高新企业开展创新投资提供了一定的资金保障。然而，随着市场竞争的加剧，许多企业纷纷选择加入技术创新活动，创新成果可能趋同化，创造新的成果难度越高，创新溢出效应逐渐减小，创新投入成本反而越来越高，体现了市场竞争强度对企业技术创新的抑制效应，从而不利于企业经营绩效的提升。宋清、刘奕惠（2021）基于创新成本和创新风险的理论视角假设了市场竞争程度对企业技术创新产出的削弱作用，选取了 2007—2019 年中小板和创业板上市科技公司作为研究样本，运用条件过程分析，估计了市场竞争程度对企业技术创新产出的影响效应。研究发现，市场竞争程度通过研发投入的中介作用对企业创新产出有显著的负向影响，而风险投资持股比例正向调节了“市场竞争程度—研发投入—创新产出”条件过程模型，这些成果为市场竞争调控和开展风险投资提供了一定的理论依据。此外，部分学者从动态视角考查了市场竞争与创新行为、创新绩效的关系，认为市场竞争程度与企业技术创新存在非线性影响，如邱麟捷（2021）基于薪酬激励视角实证估计了市场竞争对企业创新投入的倒“U”形关系。任希丽（2021）基于技术差异视角分析了市场竞争对企业技术创新的影响，认为技术差异越小的行业，市场竞争越激烈有助于技术创新；相反，在技术壁垒越明显的行业，市场竞争越激烈反而不利于技术创新。

部分学者将市场竞争强度作为调节变量，研究其在技术创新与经营绩效的影响机制中发挥的调节效应。市场竞争强度代表外部环境维度，学者通常将其作为调节变量来实证估计技术创新溢出效应，衡量技术创新溢出效应的动态变化，深入剖析技术创新与经营绩效的影响机理。刘媛琪（2019）基于委托—代理理论和创造性毁灭理论实证研究了产品市场竞争在研发投入强度与创新绩效之间发挥的调节作用，选取了2013—2017年沪深主板上市企业为研究样本，运用多元回归分析，实证估计了研发投入强度对创新绩效的影响及产品市场竞争的调节效应。研究发现，产品市场竞争作为调节变量，可以显著强化研发投入对创新绩效的促进作用，并且上市民营企业对产品市场竞争的正向调节效应表现得更为明显。研究结果表明，政府努力维持健康的市场竞争秩序，对促进企业创新绩效提升具有积极意义。郭晓川等（2021）从颠覆式创新和渐进式创新视角检验了技术创新对企业商业模式迭代的影响，选取了2013—2019年沪深上市公司作为研究样本，运用固定效应模型，实证估计了市场竞争强度在双元创新与商业模式迭代发挥的调节效应。研究发现，与渐进式创新相比，颠覆式创新更能带来企业商业模式变革，显著促进了企业商业模式迭代，市场竞争强度强化推动了颠覆式创新催生的商业模式迭代的进程。同时，与国有企业相比，市场竞争强度的调节作用在民营企业的商业模式迭代过程中表现得更为显著。张昕颖、陈雯杰（2021）以战略性新兴产业的上市公司为研究样本实证检验了市场竞争对企业技术创新的负面效应，认为市场竞争会显著地削减政府补助对技术创新的激励作用。

综上所述，与受到普遍认可的技术创新对企业绩效的推动作用不同，市场竞争强度对企业创新行为和企业经营绩效的影响存在较大的分歧，认为市场竞争强度对企业经营行为既存在激励鞭策作用，同时又存在较大的生产破坏性，对企业经营造成较大的市场风险，因此政府有必要维持良好的、健康的市场竞争秩序，提高企业技术创新的积极性，保障企业获得既稳定又优良的创新绩效。此外，企业技术创新的二元性，对技术创新、市场竞争强度和经营绩效的影响关系也存在一定的扰动作用。因此，企业技术创新、市场竞争强度和经营绩效之间的关系复杂性尚无明确的定论，特别是在大健康战略下，医药企业面临市场竞争环境发生巨大的变化，技术创新与经营绩效是否存在新的时代特征，是否发生新的关系变化，都值得进一步深入分析，同时大健康企业技术创新、市场竞争强度与经营绩效的影响机制需要进一步深入探讨。

2.6 理论基础

2.6.1 现代绩效管理理论

绩效管理是指管理者为实现战略目标，努力提升组织成员的工作积极性，使个人或团队行为与组织目标相一致的管理过程。通过绩效管理的定义可知，绩效管理的目标是推动组织目标的实现，其过程是引导组织成员的工作行为，防止组织目标的偏离。目前，国内外学者对绩效管理的核心含义主要有以下两点：第一，绩效管理是组织绩效考核管理的系统。为了防止企业战略执行出现偏差，促使企业生产计划与组织目标相一致，企业需要一套完备的绩效管理系统。高效的绩效管理系统主要体现在计划、考核、纠偏三大流程环节。当企业制订生产计划时，绩效管理系统能够提供战略性指导；当企业执行决策计划时，绩效管理系统能够做出准确的效率评价，并提供合理的纠正措施。第二，绩效管理是个人绩效与组织绩效管理的综合系统。绩效管理通过组织绩效的考核、纠偏，使个人行为符合组织战略发展要求，首先需要对个人绩效做出综合评价，利用激励机制促进组织成员提高工作积极性，努力完成组织制定的目标任务，最终实现个人绩效和组织绩效的双提升。

历经古典管理理论、现代管理理论的影响，随着管理科学方法的不断完善发展，现代绩效管理理论形成了三大独特的管理原则：第一，系统性原则。早期绩效管理理论强调考核计划任务的完成结果，现代绩效管理理论主张绩效考核要以企业战略为核心，系统评价企业战略的实现情况，不再片面强调具体任务的完成结果。第二，以人为本原则。现代绩效管理理论认为人不再只是“经济人”角色，而是“社会人”角色。为了调动员工的生产积极性，对组织的绩效评价不再局限于生产效率，而是多种利益相关者的社会需求满足程度的综合评价。现代绩效管理理论坚持以人为本的原则，在尊重和保护组织成员合法权益的基础上，再促使组织目标的实现。第三，权变原则。现代绩效管理理论认为绩效管理系统不是静止不变的，也没有万能皆适用的系统，而是应充分考虑组织目标、组织环境以及组织成员等权变因素，设计因时因地适宜的管理系统。

现代绩效管理理论脱离效率管理思想的局限性，提出了全面绩效管理方法。进入 21 世纪后，许多学者指出了以生产效率为尊的绩效评价体系大都立足于企业竞争战略层面，从宏观整体性考虑，主张研究使用以企业战略为核心，辅以财务指标、运营管理指标、顾客指标、员工学习成长指标等的企业绩效评价体系，突出成果表现为平衡计分卡。平衡计分卡为了实现战略制导，防止战略执行脱节，通过战略地图、个人计分卡、绩效考核表等有效地将企业产出与绩效驱动因素联系起来，增强了绩效管理的可操作性与有效性。任江（2020）指出，基于战略的企业绩效评价体系应具有科学性、全面性和长远性等特征，同时体现企业的核心价值和企业文化等内容，使绩效评价实际操作与企业战略发展目标保持高度一致性。此外，为了全面管理组织绩效，使组织目标具体化，促进企业战略的实现，德鲁克又提出了目标管理方法。目标管理方法强调充分给予员工授权，通过设置目标代替具体任务的指导来调动组织成员的工作积极性。

2.6.2 现代创新理论

创新一直是企业管理领域的热点研究问题，被认为是生产系统中引入全新的要素组合方式，通常有新方法、新产品、新组织等形式。创新有两大特征：一是技术进步。创新首先对组织生产关系直接带来巨大的技术革新，创造了新的生产方式、生产成果，甚至是组织形式，对组织生产效率带来实质性飞跃。二是商业应用。创新成果能够产生商业应用价值，使生产组织和组织成员直接享受到创新红利，如企业市场份额上升、劳动生产率提高等。

20 年代 70 年代后，西方发达国家普遍面临经济停滞的发展状态，而传统的凯恩斯主义无法解决这些难题，此时创新理论受到了理论界和实践界的广泛关注和推崇。其中，经济学的内生增长理论认为，技术创新是经济长期增长的唯一动力和源泉，且技术创新是经济增长模型的内生性条件。在管理学领域，许多学者大大丰富发展了技术创新理论，提出了新的研究成果：第一，技术创新的影响因素研究。根据著名学者卡曼和施瓦茨的技术创新理论，影响技术创新的决定性因素有市场竞争程度、企业规模和垄断程度。其中，市场竞争程度会激励企业加快技术创新进程，提升产品竞争优势。企业规模反映了企业的人力、物力、财力状态，技术创新需要一定的资源基础条件。垄断程度由于超额经济利润存在，反而会阻碍技术创新的进行。第二，技术创新的协同研究。由于技术创新是个投入大、回报周期长的投资过程，许多管理者意识到开展技术创新协同合作的重要性。学者们构建创新系统和研究产学研一体化时，强调通过多个创新主体的协同合作来降低创新投入成本，提高技术创新效率。

进入21世纪，创新理论又被应用到组织行为学和制度经济学领域，涌现了管理创新、文化创新、组织创新、制度创新等前沿的创新研究话题。基于组织行为学的研究视角，分析组织无效的影响因素，优化组织效率是长期的研究目标。例如，组织结构的不合理或部门权责不明确，往往不利于企业技术创新部门协同，从而迟滞了企业绩效的发展。因此，研究管理创新、组织创新、制度创新等问题，有利于降低企业技术创新部门的交易费用，促进企业创新效率的提升。陈晓丽（2021）选取了2012—2017年沪深上市公司为研究样本，运用层次回归分析，实证结果表明，组织冗余显著地抑制了技术创新对企业绩效的促进效应。并且认为组织冗余会导致生产资源利用低效，甚至资源冗余闲置，还会增加非必要组织成本的支出。面对资源冗余或低效用的组织环境，技术创新的开展进程容易受到迟滞影响，从而降低技术创新效率。

近年来，以陈劲为代表的一批中国学者丰富、发展了具有中国特色的技术创新管理理论，针对企业和国家自主创新领域开展了深入研究，构建了具有中国特色的国家创新系统。张建刚、付婕（2021）认为，金融发展水平和知识产权保护制度是影响地区自主创新的重要因素，并运用省域面板数据检验了金融发展水平和知识产权保护对自主创新的正向影响。谢宗杰等（2021）从创新主体、创新要素、保护机制和创新路径四个方面比较了发达国家制造业标准化创新系统，并构建了中国创新驱动标准化的国家创新系统，提出的国家创新系统包含核心层面、微观层面、中观层面和宏观层面，依托了企业、科研机构、中介平台、金融体系、行业协会等创新主体。

2.6.3 投资决策理论

投资是经济主体一种常见的经济活动，其中企业投资活动是本次研究的重点对象。企业投资是指企业管理层集中企业沉淀资金，通过投入生产性固定资产或购买金融资产，以期未来能够获得与风险相匹配的投资效率的经营活动。其中，企业投入生产性固定资产，属于直接投资，企业作为投资方将直接参与生产经营管理；企业购买金融性资产，属于间接投资，企业作为投资方，不直接参与具体生产运营活动。20世纪80年代，企业直接投资不再局限于硬件投资，如生产性固定资产的投资，企业管理层开始逐渐注重软件投资，如企业人力资本投资。企业通过加强人力资本投资，如引进研发人才、员工培训，有助于提高生产效率，将对生产经营活动产生直接影响。总之，实业投资、人力资本投资是常见的企业直接投资方式，金融投资是常见的企业间接投资方式。

企业管理层想要做出科学的投资决策，应充分考虑投资决策的背景、风险收益比、实施条件等。根据投资决策理论，投资决策的实施原则主要有以下四个：一是充分调查投资环境。企业管理层在考虑某个投资决策时，应充分调查该投资项目的市场环境，如涉及的投资载体、受益群体等。二是平衡风险与收益。任何一项投资活动都要面临成本投入与收益问题。风险与收益评估不仅存在估计的准确性问题，还面临动态变化的不确定性难题，其中后者更考验企业管理层的动态评估能力。三是资金供应保障。由于企业投资活动可能是一项长期活动，或者投资的不确定性会带来资金投入超出预算，所以企业的资金供应保障也是高效投资决策的客观基础条件。四是决策程序科学。企业管理层的科学决策程序应包含投资活动的事先、事中、事后的决策流程，涉及投资决策分析、投资决策执行、投资决策考核等方面。

随着信息技术的进步以及统计学理论方法的革新，国内外学者利用定量分析方法，研究并提出了许多投资决策模型，丰富了投资决策理论的计量应用领域。马克维茨通过研究资产组合最优选择来衡量投资决策的科学性，并提出了资产组合选择理论。在资产组合选择模型中，首先计算收益率的期望值和方差值，再估计最佳资产购买组合的均值—均方差模型。资产组合选择模型的计量估计，不仅提高了投资风险与收益的估计准确性，而且大大增强了投资决策理论的实践应用性。在资产组合最优选择模型的基础上，夏普创造性地提出了资本资产定价模型（CAPM），首次使用 β 系数值估计了资产投入风险值，大大简化了模型中投资风险值的计算过程，提高了投资决策模型的应用性。

2.7 研究假设

2.7.1 技术创新对经营绩效的作用

根据创新理论，技术创新改进了企业生产方式，甚至催生企业管理方式创新，从而提升企业生产管理效率，因此国内外较多学者基于企业长远发展，肯定了技术创新对企业经营绩效的积极作用。本书基于企业可持续性发展视角，拟从过去到现在企业长时间技术创新的能力水平来考察其对经营绩效的影响，涉及一个相对长期的创新过程，因此假设技术创新对医药企业绩效主要产生促进效应。技术创新投入与产出通常运用于技术创新能力评价，在实证研究中一定程度地反映了企业技术创新效率。鉴于此，考虑大健康战略背景，选择了大健康产业创新环境作为潜变量，反映外部创新环境对企业技术创新能力的影响。因此，提出以下假设：

H1：技术创新对大健康企业经营绩效具有显著的正向作用。

H1a：技术创新投入对大健康企业经营绩效提升具有短期的抑制作用。

H1b：技术创新产出对大健康企业经营绩效有显著的促进效应。

H1c：大健康产业创新环境对企业经营绩效提升有显著的推动作用。

2.7.2 市场竞争强度对经营绩效的作用

大多西方经济学家强调建立市场经济，认为市场机制有利于经济资源高效流动配置，释放社会生产力束缚，促进社会生产效率提高。市场竞争强度在一定程度上反映了市场机制在一国经济制度中的作用地位。然而，由于市场机制在经济领域容易存在失灵现象，导致市场竞争强度的作用具有双面性。一方面，基于市场机制功能视角，市场化程度越高，生产要素保持高效流动，有助于企业经营绩效的提升，甚至市场外部性溢出对地区经济繁荣发展都存在巨大的推动作用。另一方面，基于信息不充分视角，消费市场容易出现逆向选择行为，市场竞争强度反而会恶化产品市场环境，开始陷入无休止的商业价格战，破坏产品竞争生态，从而迟滞企业经营绩效的长期增长。同时，借鉴诸波、干胜道（2015）等的做法，从行业和企业角度来测量医药企业的市场竞争强度，来反映企业面临的市场竞争环境和自身市场竞争意识。因此，提出以下假设：

H2：市场竞争强度对大健康企业经营绩效存在显著的正向作用。

H2a：行业竞争激烈程度对大健康企业经营绩效提升具有短期的抑制作用。

H2b：企业竞争自由度对大健康企业经营绩效有显著的促进效应。

H2c：市场竞争导向对大健康企业经营绩效有显著的改善作用。

2.7.3 投资效率的中介作用

投资效率反映了企业投资活动的收益回报状况，通常来自金融投资、产业投资等投资活动。企业金融投资主要是通过投资金融性资产来获取利息、红利等形式的投资效率。企业实业投资主要是为了扩大主营业务收入，对产业规模进行扩张投资，从而提升生产效益。根据会计核算准则，企业投资效率计入损益类科目，核算企业当年净收益，可以有效地改善企业的经营绩效水平，因此，投资效率与经营绩效存在正相关性。本书借鉴张腾文等（2016）开发的投资效率量表，再根据研究主题对量表进行了适当修改和补充，最终选择了实业投资、金融投资和人力资本投资等多个投资项目来测量企业的投资效益。而技术创新作为企业内部资源条件，市场竞争强度作为企业面临的外部环境条件，可能会影响企业投资效率水平，最终带来经营绩效的变化。因此，提出以下假设：

H3：投资效率对大健康企业经营绩效具有显著的正向效应。

H3a：实业投资对大健康企业经营绩效有显著的促进效应。

H3b：金融投资对大健康企业经营绩效有显著的积极作用。

H3c：人力资本投资对大健康企业经营绩效提升有显著的推动作用。

H4：大健康企业投资效率在技术创新与经营绩效关系中起到中介作用。

H5：大健康企业投资效率在市场竞争强度与经营绩效关系中发挥中

介作用。

本书在借鉴国内外文献的基础上，界定了关键变量的定义，梳理了文献综述，构建了“技术创新、市场竞争强度—投资效率—经营绩效”作用关系的理论模型，并采用调查问卷和深度访谈方式对大健康战略驱动下医药和健康管理服务企业进行了调查。通过对相关概念和构成进行剖析，开发医药企业经营绩效的测度量表，通过因子分析，验证了所开发的医药企业经营量表具有较好的信度和效度。根据所提出的研究假设，设计和完善医药企业技术创新、市场竞争强度和投资效率变量的测度量表，采用相关分析、多元回归和层次回归对数据进行实证分析，验证研究模型中相关联的所有研究假设。图 2-1 反映了本书的理论模型，该模型中因变量是医药企业经营绩效，自变量是经营绩效的影响因素（技术创新、市场竞争强度），中介变量是投资效率。

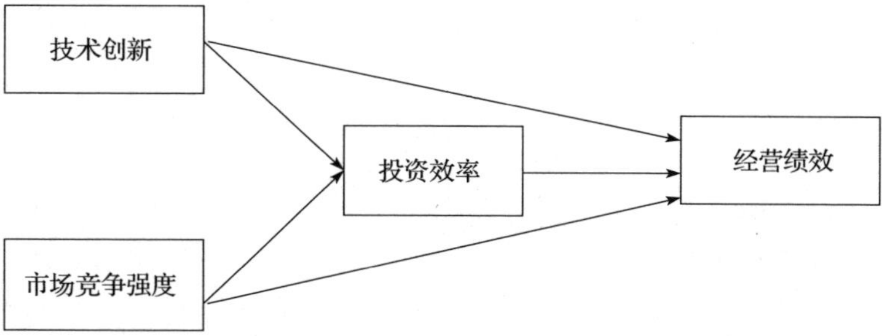

图 2-1　技术创新、市场竞争强度与大健康企业经营绩效研究理论模型

2.8　本章小结

首先，对经营绩效的现有理论进行了综述，包括技术创新与经营绩效作用关系的现有文献研究、市场竞争强度与经营绩效影响关系的现有理论研究、投资效率与技术创新和经营绩效作用关系的现有研究。在分别归纳了技术创新、市场竞争强度与企业绩效相关理论之后，总结了当前国内外学者对技术创新、市场竞争强度、投资效率与医药企业经营绩效三者之间作用机理的研究结论，并给出了本书的研究假设及研究框架，为后续研究提供了基础。通过文献分析、收集与整理企业案例的原始资料进行范畴提炼，总结了技术创新、市场竞争强度、投资效率以及医药健康服务企业经营绩效等定义范畴。其次，分析了投资效率对技术创新、市场竞争强度与企业经营绩效的中介作用机理。最后，建立了“技术创新、市场竞争强度—投资效率—经营绩效”的研究模型框架，并对各变量之间的关系提出了相关理论假设。

3 CHAPTER3

研究方法与设计

基于现代绩效管理理论、创新理论、投资决策理论等核心理论基础，构建了技术创新、市场竞争强度、投资效率和经营绩效的研究模型。为了分析技术创新、市场竞争强度、投资效率对经营绩效的影响路径，同时验证研究模型的研究假设，本章将运用统计分析方法进行实证分析。根据研究假设，将依次检验技术创新、市场竞争强度对医药企业经营绩效的影响，以及投资效率的中介作用，因此研究过程将紧紧围绕该三大研究主题进行。针对当前从员工心理视角研究技术创新、市场竞争强度与企业绩效关系的文献较少，忽视了员工在生产经营过程中的重要建设性作用，本章采用问卷调查和实证分析相组合的方式，研究大健康战略下医药企业技术创新、市场竞争强度和投资效率对经营绩效的影响，有助于揭示员工在企业技术创新、投资经营过程中的心理活动状态。

3.1 研究过程

为了研究大健康战略下医药企业和健康管理服务企业的经营现状与

管理策略，分析了技术创新、市场竞争强度和投资效率对企业经营绩效的影响机制，本书借助统计分析方法来完成实证分析过程。因此，结合研究目的和假设检验统计原理，本书的研究过程如下：

第一，确定分析研究对象。根据本书的研究内容和大健康战略的研究背景，选择将医药企业和健康管理服务企业作为实证研究的对象，由此确定问卷调研对象和样本数据收集的大致范围。

第二，选取研究样本。假设检验统计理论强调研究所选样本的随机性和典型性，因此，所选的实证样本应当具有代表性兼随机性。本书选择的样本都是中国医药和健康管理服务企业，它们是大健康战略的重点服务对象，并具备研究中国医药和健康管理服务企业经营绩效、技术创新、市场竞争强度以及投资效率关系所需公开数据应具备的客观性要求，所收集的数据可以有效地支撑检验前文的机理假设。

第三，收集与整理实证样本数据。因为中国医药企业的生产经营模式不尽相同，为了减少因所测量变量的量化单位不一致所产生的方差，避免因数据处理过程不科学所产生的结果不显著等问题，增加研究的有效性和可靠性，本书对大健康战略下中国医药企业技术创新、市场竞争强度、投资效率以及经营绩效等指标进行了取均值对数处理。

第四，构建数据分析模型。本书根据所研究问题的特点，选择构建多元回归方程模型来研究技术创新、市场竞争强度及投资效率对中国医药企业经营绩效的影响机理。首先分析技术创新、市场竞争强度对中国医药企业绩效的直接影响机理；其次引入投资效率作为中介变量，探讨大健康战略下不同医药企业投资效率对企业绩效创造过程中的中介作用。

第五，分析数据并得出实证结论。根据上述实证结果，结合数据所代表的变量含义和所反映的变量关系，着重对大健康战略下技术创新对企业绩效的影响结果进行具体、深入的分析，对于没有得到验证的假设也具体、详细地分析了导致结果不显著的原因，进而得出相应的研究结论和管理启示。

第六，以知本康业集团为对象深入案例分析。以知本康业集团为研究对象，通过案例分析，研究大健康战略下知本康业集团技术创新和企业投资等经营活动的现状，分析集团经营绩效的发展水平，总结其技术创新、市场竞争和企业投资对其企业绩效的影响，探索知本康业集团目前存在的经营问题。

第七，总结研究成果及提出经营对策。通过上述实证分析和案例分析过程，总结大健康企业技术创新、市场竞争强度和投资效率对经营绩效影响的研究结论。同时，根据研究成果提出知本康业集团适应大健康战略的经营对策。

3.2 研究方法

3.2.1 问卷调查法

问卷调查是获取研究对象微观数据、了解研究现状的常用方法，通过问卷内容设计获取调研对象的基本信息。本书以大健康企业为研究对象，除了企业的基本特征信息外，主要调查这些企业关于技术创新、市场竞争程度、投资效率和经营绩效的水平。

3.2.2 实证分析法

实证分析法是量化检验变量影响机制的统计方法，通过统计学意义显著性检验确定变量间影响关系。本书基于调查问卷数据，运用描述统计、因子分析、相关分析和回归分析等方法，实证检验大健康企业技术创新、市场竞争强度与经营绩效的理论模型。

3.2.3 案例分析法

案例分析法是管理学领域常见的研究方法，通过对某个案例的深入剖析，运用实例分析抽象问题，验证理论假设的科学性，利用经典的个例总结出抽象的一般性结论。本书以知本康业集团为研究案例，分析企业在大健康战略下竞争发展存在的问题，剖析问题存在的成因，并给出解决方案。

3.3 研究工具

运用 SPSS 22.0 软件完成问卷数据的统计分析：描述统计法、因子分析法、相关分析法和回归分析法。

3.3.1 描述统计法

描述统计法作为统计分析过程中最基础的方法，广泛运用于样本分布研究。本次问卷调查涉及了个人特征和工作企业等基本信息，利用描述统计，从企业单位、企业规模、企业性质、企业成立年限等方面分析研究样本的分布合理性，保证受访者的工作单位集中属于较成熟的医药和健康管理服务企业，同时通过受访者的调研时间来增强获得问卷的可靠性。

3.3.2 因子分析法

因子分析法作为问卷分析的常见方法，通常运用于检验变量的问卷测量的合理性，以及通过降维提取公因子计算变量的综合得分。本书运用因子分析法，通过因子载荷计算，检验了技术创新、市场竞争强度、投资效率和经营绩效等变量设置的结构效度情况，为下一步的实证建模做好铺垫。

3.3.3 相关分析法

相关分析法通常运用于研究变量间的相关性问题。为了揭示大健康战略下技术创新、市场竞争强度对医药企业绩效的影响机制，有必要首先作散点图，并运用相关性分析，检验技术创新与企业绩效、市场竞争强度与企业绩效是否存在相关关系，有助于进行下一步的多元回归分析。

3.3.4 回归分析法

回归分析法是揭示变量间影响路径最简单、最有效的统计方法。本书运用多元回归和层次回归分析建立回归模型，首先来研究大健康战略下企业技术创新、市场竞争强度对经营绩效的影响；其次来分析投资效率在技术创新与经营绩效关系中所起的中介作用。通过回归实证结果，来估计技术创新和市场竞争强度对经营绩效的影响程度。

3.4 研究模型设计

3.4.1 变量选择

本书的被解释变量是经营绩效（PER）。借鉴平衡计分卡的思想，参照 He、Abbie（2015）和马艳（2016）等企业绩效评价方法，选取财务指标和非财务指标构建医药企业经营绩效评价体系，具体涉及财务绩效、成长性绩效和创新绩效三个方面。其中，关于财务绩效，选取了营业收入增长率、利润率、净资产收益率和现金流等指标，通过与主要竞争对手对比来反映了近年来企业的财务状况。关于成长性绩效，选取了顾客满意度、市场占有率和市场份额增长率等指标，通过与同行对比来反映近年来企业的成长性水平。关于创新绩效，主要围绕新产品的创新绩效进行评价，选取了新产品的利润和销售额来反映企业近年来创新绩效水平。

本书的解释变量是技术创新（TEC）和市场竞争强度（MAR）。第一，在技术创新方面。参照 He、Wong（2004）和李伟、冒桥玲（2016）技术创新衡量方法，本书从创新投入与创新产出、创新环境三个维度来反映医药企业技术创新投入与产出情况，同时考虑大健康战略与创新文化对技术创新的影响，新增加了大健康创新环境进行测度。其中，技术投入维度主要从研发投入、研发人员、技术培训、前沿技术四个方面展开，反映了企业在技术创新投入的力度和积极性；创新产出维度参照学者的普遍做法，选取新技术采用、新产品开发和专利数量来反映近年来医药企业创新绩效水平。创新环境维度，主要反映了大健康战略对企业创新意识的激化，具体根据创新战略、技术成果追踪和技术合作等指标进行测量。

第二，在市场竞争强度方面。借鉴了 Mia（1998）和诸波、干胜道（2015）改进的市场竞争强度估计方法，首先选用行业竞争程度维度来衡量医药行业总体竞争水平；其次选取公司竞争自由度和市场竞争导向两大变量来反映市场机制对企业经营决策的作用大小。其中，在行业竞争程度方面，创建了竞争对手、产品更新速度、价格竞争以及政府管制四个指标来体现医药行业竞争激烈程度；在公司竞争自由度方面，创建了地方保护主义、分销渠道、要素购买三个指标来反映医药企业经营决策的自由程度；在市场竞争导向方面，创建了效仿竞争、反应竞争和主动竞争三个指标来描述医药企业经营行为以主要竞争者为导向的依赖水平。

本书的中介变量是投资效率（INV）。借鉴了 Rooij（2011）和张腾文等（2016）的投资效率统计方法，本书选用实业投资、金融投资和人力资本投资来全面测量医药企业的投资效率。其中，在实业投资方面，创建了投资力度、主营业务投资、多元化投资三个指标；在金融投资方面，创建了金融投资力度、平均回报率、投资效率三个指标；在人力资本投资方面，创建了专业技能、工作环境、技能培训和人才建设四个指标。

在控制变量的选取上，主要依据企业经营绩效的影响因素研究。且由于经营绩效的研究主题，主要基于企业经营管理的视角，如公司治理对企业绩效的影响，因此结合本书的研究主题，有必要选取企业层面指标作为研究模型的控制变量。借鉴其他学者的研究成果，本书选择企业规模、企业性质、企业年龄等指标作为控制变量。

综上所述，本书选择的计量模型变量及测度指标如表 3-1 所示。

表 3-1　计量模型变量与测量指标选择

变量类型	一级指标	二级指标	三级指标
被解释变量	经营绩效	财务绩效	营业收入增长率、利润率、净资产收益率、现金流等
		成长性绩效	顾客满意度、市场占有率、市场份额增长率
		创新绩效	新产品的利润和销售额
解释变量	技术创新	创新投入	研发投入、研发人员、技术培训、前沿技术
		创新产出	新技术采用、新产品开发、专利数量
		创新环境	创新战略、技术成果追踪和技术合作
	市场竞争强度	行业竞争程度	竞争对手、产品更新速度、价格竞争、政府管制
		公司竞争自由度	地方保护主义、分销渠道、要素购买
		市场竞争导向	效仿竞争、反应竞争、主动竞争
中介变量	投资效率	实业投资	投资力度、主营业务投资、多元化投资
		金融投资	金融投资力度、平均回报率、投资效率
		人力资本投资	专业技能、工作环境、技能培训和人才建设

3.4.2　模型设计

本书实证分析过程主要分为三个部分：①检验技术创新对经营绩效的直接影响；②检验市场竞争强度对经营绩效的直接影响；③检验投资效率在技术创新与经营绩效之间起到的中介作用。运用层次回归分析法逐步进行中介模型分析。

第一，检验技术创新对经营绩效的直接影响。为了检验大健康战略下医药企业技术创新对经营绩效的影响，在相关性分析的基础上，进一步做多元回归分析。根据研究设计，构建如下多元回归模型：

$$\mathrm{PER} = \alpha + \beta_1\,\mathrm{TEC}_1 + \beta_2\,\mathrm{TEC}_2 + \beta_3\,\mathrm{TEC}_3 + \gamma_1 X_i + \varepsilon \quad 3\text{-}1$$

$$\mathrm{PER} = \alpha + \beta\,\mathrm{TEC} + \gamma_1 X_i + \varepsilon \quad 3\text{-}2$$

其中，X_i 为控制变量组（公司性质、公司年龄和公司规模），β_i 和 γ_i 为参数系数，ε 为随机扰动项。

第二，检验市场竞争强度对经营绩效的直接影响。为了检验大健康战略下市场竞争强度对医药企业经营绩效的影响，在相关性分析的基础上，进一步做多元回归分析。根据研究设计，构建如下多元回归模型：

$$\mathrm{PER} = \alpha + \beta_1\,\mathrm{MAR}_1 + \beta_2\,\mathrm{MAR}_2 + \beta_3\,\mathrm{MAR}_3 + \gamma_1 X_i + \varepsilon \quad 3\text{-}3$$

$$\mathrm{PER} = \alpha + \beta\,\mathrm{MAR} + \gamma_1 X_i + \varepsilon \quad 3\text{-}4$$

其中，X_i 为控制变量组（公司性质、公司年龄和公司规模），β_i 和 γ_i 为参数系数，ε 为随机扰动项。

第三，检验投资效率在技术创新与经营绩效之间起到的中介作用。为了检验大健康战略下投资效率在技术创新与医药企业经营绩效影响关系的中介作用，在相关性分析的基础上，进一步做中介效应模型检验。根据研究设计，构建如下中介效应模型：

$$\mathrm{PER} = \alpha + \beta_1\,\mathrm{INV}_1 + \beta_2\,\mathrm{INV}_2 + \beta_3\,\mathrm{INV}_3 + \gamma_1 X_i + \varepsilon \quad 3\text{-}5$$

$$\mathrm{INV} = \alpha + \beta\,\mathrm{INV} + \varepsilon \quad 3\text{-}6$$

$$\mathrm{PER} = \alpha + \beta_1\,\mathrm{INV}_1 + \beta_2\,\mathrm{INV}_2 + \gamma_1 X_i + \varepsilon \quad 3\text{-}7$$

其中，X_i 为控制变量组（公司性质、公司年龄和公司规模），β_i 和 γ_i 为参数系数，ε 为随机扰动项。

同理构建第二个中介效应模型，检验投资效率在市场竞争强度与经营绩效之间发挥的中介效应：

$$\text{INV} = \alpha + \beta\,\text{MAR} + \varepsilon \quad 3\text{-}8$$

$$\text{PER} = \alpha + \beta_1\,\text{INV} + \beta_2\,\text{INV} + \gamma_1 X_i + \varepsilon \quad 3\text{-}9$$

其中，X_i 为控制变量组（公司性质、公司年龄和公司规模），β_i 和 γ_i 为参数系数，ε 为随机扰动项。

3.5 问卷调查设计

3.5.1 样本分析与数据获取

本书选取了 30 家中国医药和健康管理服务企业，通过多方数据的收集，用因子分析的方法对企业进行总体的排名，挖掘出排名前列企业所具有的共性，以促进企业技术创新和提升医药市场活跃度；在技术创新指标设定中分为创新投入、创新产出和大健康创新环境指标，将大健康战略下创新环境考虑进来，不仅体现了大健康战略对技术创新的影响，而且为创新效率的优化起到了借鉴作用。

由于本书旨在揭示大健康战略下技术创新、市场竞争强度对医药企业绩效的影响机理，基于平衡计分卡的思想，企业财务数据难以全面衡量技术创新、企业绩效等关键变量，因此本书采用问卷调查的方式收集企业运营发展数据。本次问卷数据采集大致经历了三个过程：首先，通过文献梳理，借鉴当前成熟的调研量表，开发出本书研究主题的调查问卷，同时根据专家和企业高管的访谈意见，对初步问卷进行修改；其次，选取医药企业开展小范围的预调研，通过信效度分析，检验问卷设计的可靠性和有效性；最后，根据预调研和检验结果对问卷进行修改，并在医药和健康管理服务企业开展大样本的深入调研。

3.5.2 量表设计与开发

本书借鉴市场调查统计理论，参考学术界普遍认可、使用的问卷调查的设计模块，主要涉及受访者的个人特征信息和医药企业的经营状况两大部分，通过技术创新、投资效率和经营绩效等维度来反映医药企业的经营状况，具体有以下模块：

一是收集调研对象的基本信息，主要包括性别、学历、工作年限、职位以及所在的工作单位（医药和健康管理服务企业）规模状况。

二是测量大健康战略下医药企业的技术创新水平，本书使用五分制李克特量表从创新投入、创新产出和创新环境等维度来制作调研量表。

三是大健康战略下医药企业所面临的市场竞争强度的调研量表。

四是大健康战略下医药企业投资效率的调研量表。

五是大健康战略下医药企业经营绩效的调研量表，主要测量企业绩效的财务绩效、成长绩效和创新绩效。本书量表采用五分制李克特量表测量，包括非常不同意、不同意、不一定、同意、非常同意五个层次的评价感受标准。

企业经营绩效在本次研究模型中作为关键的被解释变量，其变量测度的准确性将很大程度影响着回归结果。学术界关于经营绩效的调研量表较丰富，考虑到技术创新在本次研究的重要地位，本书参照平衡计分卡方法，选择借鉴 Abbie（2015）和马艳（2016）改进的经营绩效量表，该量表基于财务指标和非财务指标等多个视角测量了市场竞争强度，并且在国内外学术应用十分广泛。本书根据研究主题对量表进行了适当修改和补充，最终本次经营绩效量表分为三个维度：财务绩效、成长绩效和创新绩效，其中财务绩效由四个指标题项组成，成长绩效由三个指标题项组成，创新绩效也由三个指标题项组成，每个指标都采取五分制李克特量表法对测量指标进行整理和收集，要求受访者对题项进行主观判断。受访者评价时选择的数字越大表示认可的程度越高；反之越低。每个量表的总分为其平均值。

3.6 本章小结

本章主要基于从技术创新与经营绩效的关系、市场竞争强度与经营绩效的关系以及投资效率在技术创新、市场竞争强度与经营绩效中的中介作用三个层面提出的研究假设，运用选取的 30 多家医药和健康管理服务企业的调研数据提出了研究方法，完成研究设计过程。数据分析方法主要包括描述统计法、因子分析法、相关分析法、多元回归分析法和案例研究法。本书根据研究假设，对自变量、因变量以及调节变量进行变量定义。根据变量定义设计预问卷，并发放预问卷收集数据，对预问卷进行信度分析、效度分析与因子分析，最后形成本次研究的正式问卷。本书认为，大健康战略驱动下的技术创新、市场竞争强度对医药企业绩效的影响关系，通过引入投资效率为中介变量，为技术创新、市场竞争强度对企业绩效的影响研究提供新思路。

4 CHAPTER4

实证分析

为了探索大健康战略下技术创新、市场竞争强度对家电企业经营绩效的影响，结合实证研究设计方案，借鉴国内外学者问卷设计方法，本书设置了 6 大项问卷内容，获取实证研究的必要数据，包括个人基本情况、企业背景情况、技术创新、市场竞争强度、投资效率和经营绩效，共计 49 题访问题目。通过线上调查和线下走访等调研方式，调查范围重点覆盖粤港澳、长三角和环渤海等医药企业行业集聚区域，并运用统计工具手段保证受访对象的针对性和调查问卷的有效性，为后续的实证分析提供数据保障。

课题组成员在专家、老师的指导下，经过市场调查的专业培训后，付出了大量的调研时间和精力，走访了长三角地区三个医药企业，顺利地完成了本次调查任务，共获得 586 份问卷数据。本章将基于“样本筛选—问卷质量分析—实证分析—结果分析”的逻辑思路，展开实证研究过程，力求运用科学、严谨的计量模型和统计方法，验证第 3 章的研究假设和影响路径，最终总结可信的、确定性的研究结论。同时本章的实证研究结论和研究模型，为后续章节的案例分析建立了研究基础，为企业开展技术创新和提升经营绩效的举措也提供了理论依据。

4.1 描述性统计分析

4.1.1 样本的描述性统计分析

为确保调查问卷能精准发放到医药企业员工群体，保证问卷的有效率，本书主要通过以下三种方式发放问卷：第一，通过粤港澳区域医药企业实地走访，在一线员工和管理层发放；第二，委托专业数据调查公司进行发放；第三，借助课题组的社会资源进行问卷发放。其中，问卷发放主要来源于第一种和第二种方式，保证了受访对象来自医药行业的从业群体。由于受访者在调研过程容易发生两个道德风险问题：第一，由于问卷调研涉及受访者的个人信息和工作单位信息，出于自我保护心理，受访者可能隐匿个人的真实想法，基于从众心理，偏向选择一个常规性题项。第二，本次问卷调研共有 49 道题项，篇幅较长，受访者需要花费一定的时间来完成问卷，因而可能产生抵触情绪，选择敷衍快速完成调研问卷。面对以上可能发生的道德考量问题，本书采用了隐私保护和激励等手段。具体而言，在问卷设计上，要注重保护受访者的隐私，尽量规避逆反心理的问题，同时告知本次研究的学术目的，争取得到广大受访者的支持。例如，采用匿名方式填写、在问卷表头说明本次的研究目的等。在调研过程上，通过严格的调研计时来规避低质量问卷，以赠送小礼品来激励受访者提高参与的积极性，有助于获取高质量的调研问卷。最后，通过统计的信效度分析来保证研究样本的可靠性和有效性。

经过2020年8～12月进行的大样本问卷调查，共发放问卷700份，回收问卷586份。为了保证实证分析的顺利进行和实证结果的可靠性，本书采用不同的方法对回收问卷进行筛选，以获取本次实证研究的有效样本。基于第3章问卷设计思路，本书样本的初步筛选原则为：一是剔除关键变量数据缺失、存在多选以及复选严重的回收问卷；二是鉴于问题项数多达49项，剔除完成时间不足100秒的问卷。经过仔细地初步筛选，共获得了488份有效问卷，有效率为69.71%，满足进行下一步实证分析的数据需要。本次描述统计分析，主要梳理有效样本的数据结构特征，旨在研究医药行业企业与员工的分布特征状况，防止偏倚数据样本的普遍存在，保证后续实证分析结果的稳健性。

（1）性别分布。在调查样本当中，男性有240人，占比49.18%；女性有248人，占比50.82%，具体如图4-1所示。

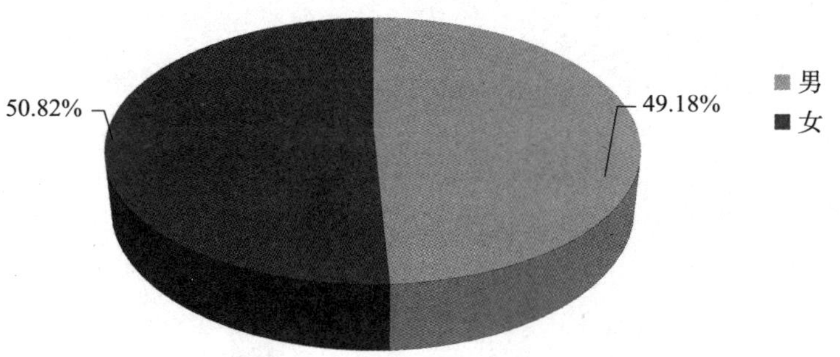

图4-1 调查样本的性别比例

（2）工作年限分布。在调查的样本中，工作年限在3年以内的有152人，占比31.15%；工作年限在3～10年的人有118人，占比

24.18%；工作年限在 10 ～ 20 年的人有 152 人，占比 31.15%；工作年限在 20 年以上之间的人有 66 人，占比 13.52%，具体如图 4-2 所示。

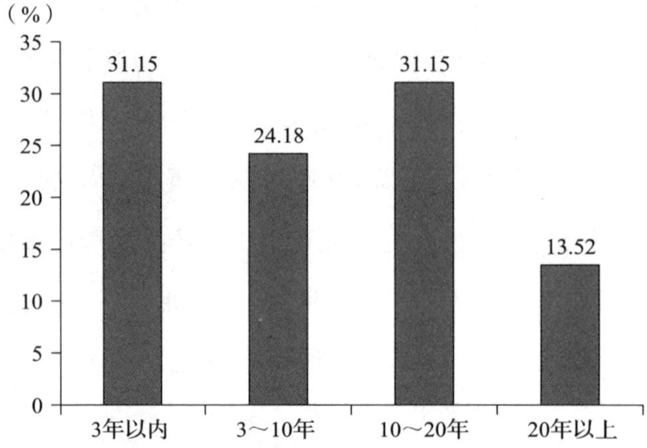

图 4-2　调查样本的工作年限分布

（3）企业性质分布。在调查的样本中，所属企业为国有企业或国有控股企业的有 28 人，占比 5.74%；所属企业为民营或民营控股企业的有 114 人，占比 23.36%；所属企业为中外合资控股企业的有 178 人，占比 36.48%；所属企业为外资企业的有 136 人，占比 27.87%；其他的为 32 人，占比 6.55%，具体如图 4-3 所示。

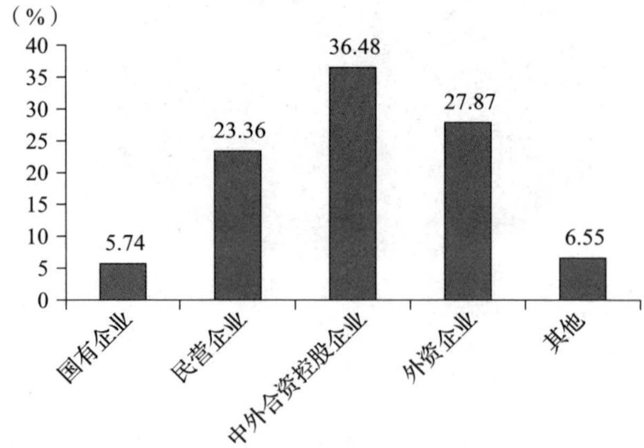

图 4-3　调查样本的企业性质分布

（4）企业规模分布。在调查的样本中，所属企业为小型企业的有 28 人，占比 5.74%；所属企业为偏小型企业的有 134 人，占比 27.46%；所属企业为中型企业的有 186 人，占比 38.11%；所属企业为偏大型企业的有 118 人，占比 24.18%；其他的为 22 人，占比 4.51%，具体如图 4-4 所示。

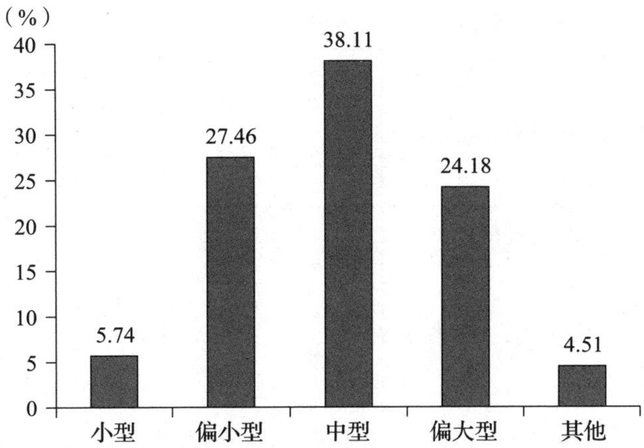

图 4-4 调查样本的企业规模分布

4.1.2 变量的描述性统计分析

（1）技术创新。本次问卷调查采用了 10 个题目，分别从创新投入、创新产出和创新环境三个维度测量医药企业技术创新指标，题项上使用五分制李克特量表法。技术创新具体题项指标的设计，是基于大量的文献研究，借鉴了学者们的普遍做法，结合本次特殊的研究主题而设置的，下一步需要利用探索性因子分析对指标合理性进行相关检验。表 4-1 反映了技术创新各项指标的描述统计情况。

表 4-1　技术创新变量的描述统计（N=488）

测量题及含义	个案数	最小值	最大值	平均值	标准差
TEC1：乐于接受有科研成果支撑的新技术	488	1	5	4.25	0.758
TEC2：非常注重企业员工的技术培训	488	1	5	3.94	1.027
TEC3：研发经费的投入水平更高	488	1	5	3.84	0.981
TEC4：更加注重吸纳研发人员	488	1	5	3.82	0.973
TEC5：开发出具备很强创新性的新技术	488	1	5	4.14	0.818
TEC6：在行业内率先推出新产品和新服务	488	1	5	3.99	1.026
TEC7：近三年来申请的专利数量更多	488	1	5	3.94	1.053
TEC8：大力推行鼓励创新的战略规划	488	1	5	4.19	0.791
TEC9：密切跟踪技术领域最新的研究成果	488	1	5	3.92	1.033
TEC10：鼓励员工相互合作来技术创新	488	1	5	3.87	0.984

由表 4-1 可知，受访者对所入职的医药企业技术创新的各项指标评价的最大值为 5，最小值为 1，均值范围介于 3.84 ～ 4.25，标准差范围介于 0.758 ～ 1.053，说明受访者所入职的医药企业在日常生产经营过程中存在不同程度的技术创新行为或意识，且调查样本数据分布比较均匀，有助于开展下一步的信度和效度检验。

（2）市场竞争强度。本次问卷调查采用了 10 个题目，分别从行业竞争程度、公司竞争自由度和竞争导向三个维度测量医药企业市场竞争强度指标，题项上使用五分制李克特量表法。市场竞争强度具体题项指标的设计，是基于大量的文献研究，参考了学者们的普遍做法，结合本次特殊的研究主题而设置的，下一步需要利用探索性因子分析对指标合理性进行相关检验。表 4-2 反映了市场竞争强度各项指标的描述统计情况。

表 4-2 市场竞争强度变量的描述统计（N=488）

测量题及含义	个案数	最小值	最大值	平均值	标准差
MAR1：主营业务市场竞争对手数量	488	1	5	3.89	1.053
MAR2：产品或服务更新换代速度	488	1	5	3.91	0.966
MAR3：同行价格竞争激烈程度	488	1	5	3.86	1.023
MAR4：行业发展受政府管制程度	488	1	5	4.31	0.754
MAR5：没有遭受地方保护主义打击	488	1	5	3.89	0.963
MAR6：分布广泛且完善的分销渠道	488	1	5	3.72	0.963
MAR7：能够自由购买生产要素	488	1	5	4.28	0.864
MAR8：效仿市场上成功的竞争对手	488	1	5	3.84	1.031
MAR9：对市场竞争对手的反应十分迅速	488	1	5	3.91	1.018
MAR10：主动影响改变竞争对手商业行为	488	1	5	4.22	0.840

由表 4-2 可知，受访者对所入职医药企业面临的市场竞争强度的各项指标评价的最大值为 5，最小值为 1，均值范围介于 3.72 ～ 4.31，标准差范围介于 0.754 ～ 1.053，说明受访者所入职的医药企业在日常生产经营过程中大多面临不同程度的市场竞争强度，且调查样本数据分布比较均匀，这有助于开展下一步的信度和效度检验。

（3）投资效率。本次问卷调查采用了 10 个题目，分别从实业投资、金融投资和人力资本投资三个维度测量医药企业投资效率指标，题项上使用五分制李克特量表法。投资效率具体题项指标的设计，是基于大量的文献研究，参考借鉴了学者们的普遍做法，结合本次特殊的研究主题而设置的，下一步需要利用探索性因子分析对指标合理性进行相关检验。表 4-3 反映了投资效率各项指标的描述统计情况。

表 4-3　投资效率变量的描述统计（N=488）

测量题及含义	个案数	最小值	最大值	平均值	标准差
INV1：实业制造领域投资力度很强	488	1	5	3.78	1.001
INV2：主营业务投资收益很高	488	1	5	3.99	0.958
INV3：多元化产业投资回报率很高	488	1	5	4.20	0.829
INV4：加强了金融性资产的投资力度	488	1	5	3.87	0.977
INV5：金融性资产的平均回报率很高	488	1	5	3.86	1.007
INV6：投资收益率高于主营业务利润率	488	1	5	4.23	0.901
INV7：专业技能知识的满意程度很高	488	1	5	3.96	1.022
INV8：工作环境的满意程度很高	488	1	5	3.93	1.040
INV9：开展的职业技能培训非常有帮助	488	1	5	4.12	0.899
INV10：人才队伍建设效果显著	488	1	5	3.89	0.988

由表 4-3 可知，受访者对所入职的医药企业投资效率的各项指标评价的最大值为 5，最小值为 1，均值范围于 3.78 ～ 4.23，标准差范围于 0.829 ～ 1.040，说明受访者所入职的医药企业在日常生产经营过程中大多存在不同程度的企业投资行为或意识，且具有较高的投资效率水平。此外，调查样本数据分布比较均匀，这有助于开展下一步的信度和效度检验。

（4）经营绩效。本次问卷调查采用了 10 个题目，分别从财务绩效、成长性绩效和创新绩效三个维度测量医药企业经营绩效变量，题项上使用五分制李克特量表法。市场机制具体题项指标的设计，是基于大量的文献研究，参考借鉴了学者们的普遍做法，结合本次特殊的研究主题而设置的，下一步需要利用探索性因子分析对指标合理性进行相关检验。表 4-4 反映了经营绩效各项指标的描述统计情况。

表 4-4　经营绩效变量的描述统计（N=488）

测量题及含义	个案数	最小值	最大值	平均值	标准差
PER1：营业收入增长率高于行业水平	488	1	5	3.86	0.999
PER2：利润率高于行业平均水平	488	1	5	3.87	1.001
PER3：净资产收益率高于行业平均水平	488	1	5	3.80	0.996
PER4：现金流高于行业平均水平	488	1	5	4.36	0.836
PER5：产品服务评价满意度高于竞争对手	488	1	5	3.84	1.001
PER6：主营业务市场占有率比竞争对手高	488	1	5	3.76	0.966
PER7：产品或服务销售额增长速度更快	488	1	5	4.29	0.827
PER8：新产品开发成功率非常高	488	1	5	3.84	1.019
PER9：新产品销售额占比获得明显提高	488	1	5	3.69	0.960
PER10：新产品、服务利润额呈现快速增长	488	1	5	3.91	1.037

由表 4-4 可知，受访者对所在家电企业经营绩效的各项指标评价的最大值为 5，最小值为 1，均值范围于 3.69 ～ 4.36，标准差范围于 0.827 ～ 1.037，说明受访者所在家电企业在经营管理过程中处于不同水平的企业绩效，且调查样本数据分布比较均匀，这有助于开展下一步的信度和效度检验。

4.2 探索式因子分析

4.2.1 技术创新

（1）信度检验。通过文献阅读与专家访谈、预调研等方式，科学严谨地完成大健康企业技术创新、市场竞争强度对经营绩效的影响研究的问卷设计。针对医药企业和健康管理服务企业，应用大样本调查广泛收集到的数据进行信度分析，计划结合信度评价标准，运用信度分析方法，对正式问卷信度进行统计检验，最终来确定各个题项及量表的一致性和信度水平。常见信度评价标准有：Cronbach's α 系数介于 0 ～ 1，其值越大，表明信度水平越高。一般 α 系数在 0.8 以上说明信度水平很高；介于 0.7 ～ 0.8 说明信度较高；介于 0.6 ～ 0.7 说明问卷信度是可接受的；低于 0.6 则表示应该放弃。本书还采用探索性因子分析对正式问卷的效度进行分析检验。运用 SPSS 22.0 软件进行效度分析检验，根据量表划分维度构建结构模型，输出的拟合指标结果与适配评价标准进行对比，作为问卷效度的评价依据。

本书采用 SPSS 22.0 软件对技术创新全部测量题项进行总体信度检验，对量表信度检验的统计结果如表 4-5 所示。

表 4-5　技术创新变量可靠性统计分析

Cronbach's α	基于标准化项的 Cronbach's α	项数
0.855	0.859	10

表 4-5 表明，Cronbach's α 的系数为 0.855，大于 0.8 的标准值，说明战略转型测度指标的信度水平很高。

由表 4-6 技术创新变量的信度检验统计结果显示，如果删除技术创新任意一项测度题目，其 Cronbach's α 的系数均将发生不同程度的下降，因此不存在删除某一项技术创新测度指标，使 Cronbach's α 的系数得到改善的情况。这充分说明了，当前技术创新测量题项不应该做任何删除处理，测量题项间保持了一定的区分度，技术创新测度量表的整体信度水平较高，从而为后续的实证分析的稳定性和可靠性提供了保证。

表 4-6 技术创新变量的信度检验统计

测量题项	修正后的项与总计相关性	平方多重相关性	删除项后的 Cronbach's α
TRA1	0.592	0.402	0.840
TRA2	0.583	0.366	0.839
TRA3	0.505	0.277	0.846
TRA4	0.546	0.325	0.842
TRA5	0.608	0.486	0.838
TRA6	0.562	0.394	0.841
TRA7	0.595	0.381	0.838
TRA8	0.585	0.496	0.840
TRA9	0.529	0.340	0.844
TRA10	0.538	0.306	0.843

（2）效度检验。因子分析在信度分析之后，旨在检验量表设计的"结构效度"，结构效度本质上反映的是量表对于变量维度的衡量描述程度，因子分析的前提工作需进行效度检验，即巴特利特球形检验和 KMO 测度。在效度检验过程中，KMO 系数介于 0 ～ 1，其值越大，表明效度水平越好。如果 KMO 系数在 0.8 以上，说明效度水平很好；介于 0.7 ～ 0.8，说明效度较好；介于 0.6 ～ 0.7 表明问卷效度是可接受

的；低于 0.6 则表示效度不佳。经过效度水平检验，确定合适做因子分析之后，则采用主成分分析法进行因子分析，提取共同因子，当特征根值大于 1 时，确定保留共同因子，同时用最大方差变异法正交旋转共同因子，当因子负荷大于 0.5 时，则对该题项予以保留。同时删除不符合要求的题项，并继续进行因子分析，直至得到“结构效度”良好的问卷量表。

本书采用 SPSS 22.0 软件对技术创新全部测量题项进行总体效度检验，对技术创新量表效度检验的统计结果如表 4-7 所示。

表 4-7　技术创新变量的 KMO 测度和巴特利特球形检验

KMO 测度取样适当性		0.889
巴特利特球形检验	近似卡方	778.917
	自由度	45
	显著性	0.000

表 4-7 显示，KMO 系数达 0.889，远大于 0.6 的可接受效度水平，且巴特利特球形检验值的方差近似值为 778.917，自由度为 45，显著性小于 0.01，这说明技术创新测度量表适合进行因子分析。

（3）因子分析。技术创新作为自变量，采用主成分分析法进行探索式因子分析，以最大方差法进行正交旋转，共提取 3 个因子。表 4-8 反映了技术创新变量探索式因子分析结果，经过正交旋转后技术创新题项的因子载荷均超过了 0.6，提取的 3 个因子每个题项的方差贡献率分别为 44.157%、22.495% 和 15.652%，累计方差贡献率为 82.304%，远大于 60%，这表明本书所选研究题项在反映技术创新方面具有非常好的结构效度。此外，3 个因子的均值分别为 3.96、4.02 和 3.99，Cronbach's α 分别为 0.838、0.761 和 0.729，说明因子结构内部一致性良好。

表 4-8 技术创新变量正交旋转后的因子载荷矩阵

因子	题项	成分			均值	Cronbach's α
		1	2	3		
创新投入	TEC1	0.742			3.96	0.838
	TEC2	0.694				
	TEC3	0.699				
	TEC4	0.747				
创新产出	TEC5		0.748		4.02	0.761
	TEC6		0.803			
	TEC7		0.796			
创新环境	TEC8			0.712	3.99	0.729
	TEC9			0.735		
	TEC10			0.779		
方差贡献率 / %		44.157	22.495	15.652		
累计方差贡献率 / %		44.157	66.652	82.304		

4.2.2 市场竞争强度

（1）信度检验。本书采用 SPSS 22.0 软件对市场竞争强度全部测量题项进行总体信度检验，对量表信度检验的统计结果如表 4-9 所示。

表 4-9 市场竞争强度可靠性统计分析

Cronbach's α	基于标准化项的 Cronbach's α	项数
0.868	0.870	10

表 4-10 可靠性统计结果表明，Cronbach's α 的系数为 0.868，大于 0.8 的标准值，说明市场竞争强度测度指标的信度水平很高。

表 4-10 显示，如果删除市场竞争强度任意一项测度题目，其 Cronbach's α 的系数均将发生不同程度的下降，因此不存在删除某一项市场竞争强度测度指标，使 Cronbach's α 的系数值得到改善的情况。这充分说明了，当前市场竞争强度测量题项不应该做任何删除处理，测量题项间保持了一定的区分度，市场竞争强度测度量表的整体信度水平较高，从而为后续的实证分析的稳定性和可靠性提供了保证。

表 4-10　市场竞争强度变量的信度检验统计

测量题项	修正后的项与总计相关性	平方多重相关性	删除项后的 Cronbach's α
MAR1	0.623	0.405	0.852
MAR2	0.537	0.329	0.859
MAR3	0.596	0.399	0.854
MAR4	0.578	0.364	0.856
MAR5	0.550	0.318	0.858
MAR6	0.517	0.299	0.860
MAR7	0.668	0.466	0.849
MAR8	0.595	0.373	0.854
MAR9	0.573	0.349	0.856
MAR10	0.626	0.439	0.852

（2）效度检验。本书采用 SPSS 22.0 软件对市场竞争强度全部测量题项进行总体效度检验，对市场竞争强度量表效度检验的统计结果如表 4-11 所示。

表 4-11 市场竞争强度变量的 KMO 测度和巴特利特球形检验

KMO 测度取样适当性		0.920
巴特利特球形检验	近似卡方	797.469
	自由度	45
	显著性	0.000

表 4-11 显示，KMO 系数达 0.920，远大于 0.6 的可接受效度水平，且巴特利特球形检验值的方差近似值为 797.469，自由度为 45，显著性小于 0.01，这说明市场竞争强度测度量表适合进行因子分析。

（3）因子分析。作为自变量，市场竞争强度采用主成分分析法进行探索式因子分析，以最大方差法进行正交旋转，共提取 3 个因子。表 4-12 反映了市场竞争强度变量探索式因子分析结果，经过正交旋转后技术创新题项的因子载荷均超过 0.6，提取的 3 个因子每个题项的方差贡献率分别为 46.257%、21.730% 和 18.379%，累计方差贡献率为 86.366%，远大于 60%，这表明本书所选研究题项在反映市场竞争强度方面具有非常好的结构效度。此外，3 个因子的均值分别为 3.99、3.96 和 3.99，Cronbach's α 分别为 0.717、0.737 和 0.756，说明因子结构内部一致性良好。

表 4-12 市场竞争强度变量正交旋转后的因子载荷矩阵

因子	题项	成分			均值	Cronbach's α
		1	2	3		
行业竞争程度	MAR1	0.767			3.99	0.717
	MAR2	0.713				
	MAR3	0.772				
	MAR4	0.693				

续表

因子	题项	成分			均值	Cronbach's α
		1	2	3		
公司竞争自由度	MAR5		0.745		3.96	0.737
	MAR6		0.721			
	MAR7		0.823			
市场竞争导向	MAR8			0.788	3.99	0.756
	MAR9			0.771		
	MAR10			0.753		
方差贡献率 / %		46.257	21.730	18.379		
累计方差贡献率 / %		46.257	67.987	86.366		

4.2.3 投资效率

（1）信度检验。本书采用 SPSS 22.0 软件对投资效率全部测量题项进行总体信度检验，对量表信度检验的统计结果如表 4-13 所示。

表 4-13 投资效率可靠性统计分析

Cronbach's α	基于标准化项的 Cronbach's α	项数
0.867	0.869	10

表 4-13 表明，Cronbach's α 的系数为 0.867，大于 0.8 的标准值，说明市场竞争强度测度指标的信度水平很高。

表 4-14 显示，如果删除投资效率任意一项测度题目，其 Cronbach's α 的系数值均将发生不同程度的下降，因此不存在删除某一项投资效率测度指标，使 Cronbach's α 的系数得到改善的情况。这充分说明了，当前投资效率测量题项不应该做任何删除处理，测量题项间保持了一定的

区分度，投资效率测度量表的整体信度水平较高，从而为后续的实证分析的稳定性和可靠性提供了保证。

表 4-14　投资效率变量的信度检验统计

测量题项	修正后的项与总计相关性	平方多重相关性	删除项后的 Cronbach's α
INV1	0.554	0.328	0.856
INV2	0.529	0.286	0.858
INV3	0.628	0.485	0.851
INV4	0.472	0.245	0.863
INV5	0.583	0.354	0.854
INV6	0.698	0.522	0.845
INV7	0.571	0.342	0.855
INV8	0.557	0.334	0.856
INV9	0.673	0.552	0.847
INV10	0.581	0.364	0.854

（2）效度检验。本书采用 SPSS 22.0 软件对投资效率全部测量题项进行总体效度检验，对市场竞争强度量表效度检验的统计结果如表 4-15 所示：

表 4-15　投资效率变量的 KMO 测度和巴特利特球形检验

<table>
<tr><td colspan="2">KMO 测度取样适当性</td><td>0.914</td></tr>
<tr><td rowspan="3">巴特利特球形检验</td><td>近似卡方</td><td>826.980</td></tr>
<tr><td>自由度</td><td>45</td></tr>
<tr><td>显著性</td><td>0.000</td></tr>
</table>

表 4-15 显示，KMO 系数达 0.914，远大于 0.6 的可接受效度水平，且巴特利特球形检验值的方差近似值为 826.980，自由度为 45，显著性小于 0.01，这说明投资效率测度量表适合进行因子分析。

（3）因子分析。作为中介变量，投资效率采用主成分分析法进行探索式因子分析，以最大方差法进行正交旋转，共提取 3 个因子。表 4-16 反映了投资效率变量探索式因子分析结果，经过正交旋转后投资效率题项的因子载荷均超过 0.6，提取的 3 个因子每个题项的方差贡献率分别为 46.286%、21.337% 和 14.323%，累计方差贡献率为 81.946%，远大于 60%，这表明本书所选研究题项在反映投资效率方面，具有非常好的结构效度。此外，3 个因子的均值分别为 3.99、3.98 和 3.98，Cronbach's α 分别为 0.632、0.662 和 0.733，说明因子结构内部一致性较好。

表 4-16　投资效率变量正交旋转后的因子载荷矩阵

因子	题项	成分			均值	Cronbach's α
		1	2	3		
实业投资	INV1	0.786			3.99	0.632
	INV2	0.730				
	INV3	0.765				
金融投资	INV4		0.753		3.98	0.662
	INV5		0.774			
	INV6		0.791			
人力资本投资	INV7			0.706	3.98	0.733
	INV8			0.733		

续表

因子	题项	成分			均值	Cronbach's α
		1	2	3		
人力资本投资	INV9			0.784	3.98	0.733
	INV10			0.757		
方差贡献率 / %		46.286	21.337	14.323		
累计方差贡献率 / %		46.286	67.623	81.946		

4.2.4 经营绩效

（1）信度检验。本书采用 SPSS 22.0 软件对经营绩效全部测量题项进行总体信度检验，对量表信度检验的统计结果如表 4-17 所示。

表 4-17 经营绩效可靠性统计分析

Cronbach's α	基于标准化项的 Cronbach's α	项数
0.870	0.873	10

表 4-17 表明，Cronbach's α 的系数为 0.870，大于 0.8 的标准值，说明经营绩效强度测度指标的信度水平很高。

表 4-18 显示，如果删除经营绩效任意一项测度题目，其 Cronbach's α 的系数均将发生不同程度的下降，因此不存在删除某一项经营绩效测度指标，使得 Cronbach's α 的系数得到改善的情况。这充分说明，当前经营绩效测量题项不应该做任何删除处理，测量题项间保持了一定的区分度，经营绩效测度量表的整体信度水平较高，从而为后续的实证分析

的稳定性和可靠性提供了保证。

表 4-18　经营绩效变量的信度检验统计

测量题项	修正后的项与总计相关性	平方多重相关性	删除项后的 Cronbach's α
PER1	0.563	0.330	0.859
PER2	0.586	0.405	0.857
PER3	0.491	0.292	0.865
PER4	0.714	0.533	0.849
PER5	0.570	0.339	0.859
PER6	0.600	0.388	0.856
PER7	0.723	0.530	0.848
PER8	0.536	0.329	0.862
PER9	0.557	0.327	0.860
PER10	0.580	0.372	0.858

（2）效度检验。本书采用 SPSS 22.0 软件对经营绩效全部测量题项进行总体效度检验，对经营绩效强度量表效度检验的统计结果如表 4-19 所示。

表 4-19　经营绩效变量的 KMO 测度和巴特利特球形检验

KMO 测量取样适当性		0.925
巴特利特球形检验	近似卡方	841.596
	自由度	45
	显著性	0.000

表 4-19 显示，KMO 系数值达 0.925，远大于 0.6 的可接受效度水平，且巴特利特球形检验值的方差近似值为 841.596，自由度为 45，显著性小

于 0.01，这说明经营绩效测度量表适合进行因子分析。

（3）因子分析。经营绩效作为因变量，采用主成分分析法进行探索式因子分析，以最大方差法进行正交旋转，共提取 3 个因子。表 4-20 反映了经营绩效变量探索式因子分析结果，经过正交旋转后投资效率题项的因子载荷均超过 0.6，提取的 3 个因子每个题项的方差贡献率分别为 47.088%、25.388% 和 17.963%，累计方差贡献率 90.439%，远大于 60%，这表明本书所选研究题项在反映经营绩效方面，具有非常好的结构效度。此外，3 个因子的均值分别为 3.97、3.96 和 3.81，Cronbach's α 值分别为 0.723、0.727 和 0.657，说明因子结构内部一致性较好。

表 4-20 经营绩效变量正交旋转后的因子载荷矩阵

因子	题项	成分			均值	Cronbach's α
		1	2	3		
财务绩效	PER1	0.725			3.97	0.723
	PER2	0.750				
	PER3	0.658				
	PER4	0.840				
成长绩效	PER5		0.796		3.96	0.727
	PER6		0.796			
	PER7		0.821			
创新绩效	PER8			0.789	3.81	0.657
	PER9			0.733		
	PER10			0.788		
方差贡献率 / %		47.088	25.388	17.963		
累计方差贡献率 / %		47.088	72.476	90.439		

4.3 相关性分析

4.3.1 技术创新与经营绩效

大健康战略驱动下医药和健康管理服务企业加大技术创新投入，同时也面临运营成本的增加，那么技术创新能否凸显成效，带来企业绩效的提升，这关系着企业技术创新过程的可持续性，也决定了企业生产管理技术能否发生实质性飞跃，经营绩效能否迈入一个新台阶。因此，技术创新与企业经营绩效的正相关性，不仅有利于医药企业的创新发展，而且在一定程度上也体现了大健康战略的实施效果。按照研究设计，本书首先利用相关性分析，检验大健康战略下医药企业技术创新与经营绩效的相关关系。表 4-21 反映了技术创新与经营绩效的相关性结果。

表 4-21　技术创新与经营绩效的相关性分析

	TEC1	TEC2	TEC3	TEC	PER1	PER2	PER3	PER
TEC1	1							
TEC2	0.373*	1						
TEC3	0.597	0.249**	1					
TEC	0.709*	0.671**	0.771**	1				
PER1	−0.127**	0.728**	0.502**	0.313	1			
PER2	0.709***	0.685**	0.430*	0.465**	0.224	1		
PER3	0.654**	0.609*	0.615**	0.509*	0.152	0.336**	1	
PER	0.589***	0.766*	0.538**	0.566**	0.412*	0.182	0.255	1

注：*** 表示 $p<0.01$，** 表示 $p<0.05$，* 表示 $p<0.1$。

由表 4-21 可知，创新投入（TEC1）与财务绩效（PER1）显著负相关（r=–0.127，p<0.05），与成长绩效（PER2）显著正相关（r=0.709，p<0.01），与创新绩效（PER3）显著正相关（r=0.654，p<0.05），与经营绩效（PER）显著正相关（r=0.589，p<0.01）。

创新产出（TEC2）与财务绩效显著正相关（r=0.728，p<0.05），与成长绩效显著正相关（r=0.685，p<0.05），与创新绩效显著正相关（r=0.609，p<0.1），与经营绩效显著正相关（r=0.766，p<0.1）。

创新环境（TEC3）与财务绩效显著正相关（r=0.502，p<0.05），与成长绩效显著正相关（r=0.430，p<0.1），与创新绩效显著正相关（r=0.615，p<0.05），与经营绩效显著正相关（r=0.538，p<0.05）。

创新投入（TEC1）与财务绩效正相关（r=0.313），但未通过显著性检验，与成长绩效显著正相关（r=0.465，p<0.01），与创新绩效显著正相关（r=0.509，p<0.1），与经营绩效显著正相关（r=0.566，p<0.01）。

4.3.2 市场竞争强度与经营绩效

市场竞争强度反映了医药企业所处行业和地区的市场化程度。通常而言，市场化程度越高，医药市场竞争强度也越高。市场竞争强度通过行业传导，将带来企业绩效的变化：一方面，激烈的市场竞争强度能够促使企业管理层提高经营管理水平，同时激发企业的经济活力，因而从激励理论视角，市场竞争强度有助于企业培育核心能力，提升企业绩效。另一方面，激烈的市场竞争也可能会导致市场失灵或者恶性竞争，不利于行业的长远发展。因此，市场竞争与企业经营绩效的相关性，存在一定的不确定性。特别是大健康战略驱动下，市场竞争强度的改变，将对企业绩效产生怎样的影响结果。根据本次研究设计，将重点利用相关性分析，检验大健康战略下市场竞争强度与医药企业经营绩效的相关关系。表 4-22 反映了市场竞争强度与经营绩效的相关性结果。

表 4-22 市场竞争强度与经营绩效的相关性分析

	MAR1	MAR2	MAR3	MAR	PER1	PER2	PER3	PER
MAR1	1							
MAR2	0.694*	1						
MAR3	0.718*	0.698**	1					
MAR	0.816**	0.876***	0.792**	1				
PER1	−0.505*	0.727**	0.716***	0.797***	1			
PER2	0.694**	0.688**	0.675*	0.765**	0.774*	1		
PER3	0.675**	0.653	0.635***	0.732***	0.653	0.635**	1	
PER	0.782**	0.683*	0.766***	0.767***	0.712*	0.782**	0.855*	1

注：*** 表示 $p<0.01$，** 表示 $p<0.05$，* 表示 $p<0.1$。

由表 4-22 可知，行业竞争程度（MAR1）与财务绩效（PER1）显著负相关（$r=-0.505$，$p<0.05$），与成长绩效（PER2）显著正相关（$r=0.694$，$p<0.05$），与创新绩效（PER3）显著正相关（$r=0.675$，$p<0.05$），与经营绩效（PER）显著正相关（$r=0.782$，$p<0.05$）。

公司竞争自由度（MAR2）与财务绩效显著正相关（$r=0.727$，$p<0.05$），与成长绩效显著正相关（$r=0.688$，$p<0.05$），与创新绩效正相关（$r=0.653$），但未通过显著性检验，与经营绩效显著正相关（$r=0.683$，$p<0.1$）。

市场竞争导向（MAR3）与财务绩效显著正相关（$r=0.716$，$p<0.01$），与成长绩效显著正相关（$r=0.675$，$p<0.1$），与创新绩效显著正相关（$r=0.635$，$p<0.01$），与经营绩效显著正相关（$r=0.766$，$p<0.01$）。

市场竞争强度（MAR）与财务绩效正相关（$r=0.797$，$p<0.01$），与成长绩效显著正相关（$r=0.765$，$p<0.05$），与创新绩效显著正相关

（r=0.732，p<0.01），与经营绩效显著正相关（r=0.767，p<0.01）。

4.3.3 投资效率与经营绩效

投资效率反映了企业在一定时期内投资活动过程中获得的收益报酬。在大健康战略驱动下，医药企业投资意愿增强，近年来大力拓展了投资活动，如医药实体投资、金融投资等。考虑医药行业较高的技术沉淀资本，本书格外增加了人力资本投资的衡量维度来估计医药企业的投资效率水平。较多文献研究表明，投资收益净值能够增加当期企业营收，甚至通过乘数效应，促使企业绩效大幅提升，同时企业收入增加又反作用于投资活动的延续性和扩张性，推动投资效率高涨，如此稳健地形成“投资收益—企业绩效—投资效率”的良性内循环。根据本次研究设计，将运用相关性分析方法，检验大健康战略下投资效率与医药企业经营绩效的相关关系。表 4-23 反映了投资效率与经营绩效的相关性分析结果。

表 4-23 投资效率与经营绩效的相关性分析

	INV1	INV2	INV3	INV	PER1	PER2	PER3	PER
INV1	1							
INV2	0.652*	1						
INV3	0.505	0.703*	1					
INV	0.868**	0.873***	0.823**	1				
PER1	0.728*	0.727**	0.778***	0.838***	1			
PER2	0.657**	0.670*	0.722*	0.770**	0.724*	1		
PER3	0.602**	0.638*	0.678***	0.721***	0.652	0.636**	1	
PER	0.753**	0.770*	0.824***	0.882***	0.812*	0.882**	0.855**	1

注：*** 表示 p<0.01，** 表示 p<0.05，* 表示 p<0.1。

由表4-23可知，实业投资效率（INV1）与财务绩效（PER1）显著正相关（r=0.728，p<0.10），与成长绩效（PER2）显著正相关（r=0.657，p<0.05），与创新绩效（PER3）显著正相关（r=0.602，p<0.05），与经营绩效（PER）显著正相关（r=0.753，p<0.05）。

金融投资效率（INV2）与财务绩效显著正相关（r=0.727，p<0.05），与成长绩效显著正相关（r=0.670，p<0.10），与创新绩效正相关（r=0.638，p<0.10），与经营绩效显著正相关（r=0.770，p<0.10）。

人力资本投资效率（INV3）与财务绩效显著正相关（r=0.778，p<0.01），与成长绩效显著正相关（r=0.722，p<0.1），与创新绩效显著正相关（r=0.678，p<0.01），与经营绩效显著正相关（r=0.824，p<0.01）。

投资效率（INV）与财务绩效正相关（r=0.838，p<0.01），与成长绩效显著正相关（r=0.770，p<0.05），与创新绩效显著正相关（r=0.721，p<0.01），与经营绩效显著正相关（r=0.882，p<0.01）。

4.4 回归分析与假设检验

4.4.1 技术创新对经营绩效的影响

在大健康战略驱动下，近年来生物制药和健康服务行业获得了迅猛发展，技术创新能力对医药企业提升核心竞争力尤为关键。在生物制药领域，高额的专利费和医疗技术日益革新让国内仿制药发展陷入“瓶颈”，创新原研药成为医药企业未来的发展方向。尽管学术界和企业家大都赞同技术创新对企业经营绩效的积极作用，但相当部分学者指出：中国当前医药制药业技术创新能力水平较低，特别是与美国、日本为首的发达国家相比，主要存在以下问题：第一，全国医药行业整体技术创新效率水平不够高，只有北京、天津等部分区域处于相对有效创新水平。第二，东西部技术创新效率存在区域差异。虽然西部地区医药技术创新效率整体落后于东部地区，但是创新效率发展十分快速。第三，医药制造业技术创新能力受到企业规模、人力资本和外资引进等条件的制约。目前，制药技术创新仍然严重依赖于企业实力、资金投入和高人力资本等资源条件。因此，实现技术创新对医药企业经营绩效的提升，其未来前途是光明的和可预见的，但过程并非一日之功。根据本次研究设计，将运用多元回归和层次回归分析方法，检验大健康战略下技术创新与医药企业经营绩效的影响关系。表 4-24 反映了技术创新与经营绩效的影响回归估计结果。

表 4-24 技术创新对经营绩效的影响回归估计结果

模型		未标准化系数		标准化系数	T	显著性
		β	标准误差	β		
1	（常量）	0.363	0.171		2.120	0.035
	控制变量					
	公司性质	0.023	0.021	0.035	1.066	0.287
	公司年龄	−0.025	0.022	−0.039	−1.195	0.233
	公司规模	0.114	0.032	0.156	3.563	0.000
	自变量					
	创新投入	−0.232	0.045	−0.247	−5.149	0.000
	创新产出	0.371	0.048	0.381	7.716	0.000
	创新环境	0.301	0.112	0.348	2.688	0.011

续表

模型		未标准化系数		标准化系数	T	显著性
		β	标准误差	β		
2	（常量）	0.354	0.171		2.071	0.039
	控制变量					
	公司性质	0.024	0.021	0.036	1.115	0.266
	公司年龄	−0.025	0.023	−0.039	−1.087	0.221
	公司规模	0.115	0.025	0.158	4.601	0.000
	自变量					
	技术创新	0.606	0.034	0.665	17.823	0.000

表4-24显示，模型1反映了控制变量中公司规模对医药企业经营绩效的影响系数为0.114，且对应的p值在0.01的显著性水平下通过检验，说明医药企业的规模对经营绩效存在显著的正向影响。公司性质与公司年龄的回归系数符号相反，但p值并未通过显著性统计检验。自变量技术创新投入对医药企业经营绩效的影响系数为−0.232，且对应的p值在0.01的显著性水平下通过检验，说明医药企业加大创新投入时，不利于企业短期财务绩效，即研究假设H1a通过验证。而创新产出和创新环境均对企业绩效产生显著的正向影响，即研究假设H1b、H1c通过验证。此外，模型方程2表明，整体技术创新水平对企业绩效的影响系数为0.606，且对应的p值在0.01的显著性水平下通过检验。因此，根据回归模型2的估计结果，研究假设H1通过验证，即技术支持对家电企业经营绩效存在显著的正向影响。

综上所述，回归结果表明，大健康战略驱动下医药企业技术创新对经营绩效存在显著的促进效应，其中技术创新产出、创新环境与经营绩效呈显著的正相关性，而创新投入由于不利于短期的财务绩效，对经营绩效存在显著的负向影响。从动态过程来看，技术创新对企业绩效的影响可能是非线性的，特别是在短期内，技术创新需要投入大量的企业资源，包括研发资金和科研人员等，这对当期企业财务承受力要求较高。但从长期来看，随着技术创新成果的市场转化和商业应用，技术创新有助于医药企业抢占新产品的市场制高点和打造企业的竞争优势，从而促进企业长期绩效的提升，因此医药企业强化技术创新，在企业长远规划上是正确的选择。从现有文献研究来看，医药企业技术创新对经营绩效的影响程度容易受到边界条件的限制。常见的内部边界条件主要涉及员工、管理层、企业家和公司治理结构四个主体部分。外部边界条件主要研究了金融机制、政府支持和环境法律制度三个方面。例如，林霞（2018）指出知识产权保护在技术创新投入与工业企业财务绩效负相关性，以及技术创新产出与工业企业财务绩效正相关关系中都起到正向调节作用。总之，技术创新对企业绩效的正向影响受到了广泛的认可与验证，但二者的影响机理具有复杂性，需要进行深入探索。

4.4.2 市场竞争强度对经营绩效的影响

在大健康战略驱动下，医药企业和健康管理服务企业数量近年来迅猛增加，医药和健康服务产品也日益丰富。得益于国家大力扶持和行业利润驱动，医药行业市场竞争强度整体也呈上升趋势。同时，由于严格的生产技术标准与药品质量标准，医药行业还具有高投入、高技术和高收益等行业特征。医药行业市场竞争强度还体现在产业资本的集聚，医药企业兼并重组速度加快，大型医药制造企业的规模优势有利于积极应对行业的市场竞争。然而，医药行业的市场竞争程度也并非静止不变的，同样也会受到外部边界条件的影响。尚兴宇等（2019）以1995—2015年中国医药制造业企业为研究对象，运用协整理论研究了研发资金投入与医药行业市场竞争程度的关系。实证结果显示，在生物技术创新与行业重组机制驱动下，研发和重组等资本的投入会降低医药企业数量，从而带来市场竞争强度的负向拉动效应。因此，大健康战略驱动下医药行业市场竞争强度必然是个动态变化的过程，尽管整体上竞争程度较高，但由于行业的特殊性，特别是生物技术壁垒的存在，在某个医药细分领域，很可能存在部分垄断性医药巨头企业。根据本次研究设计，将运用多元回归和层次回归分析方法，检验大健康战略下市场竞争强度与医药企业经营绩效的影响关系。表4-25反映了市场竞争强度与经营绩效的影响回归估计结果。

表4-25　市场竞争强度对经营绩效的影响回归估计结果

模型		未标准化系数		标准化系数	T	显著性
		β	标准误差	β		
1	（常量）	0.325	0.172		1.892	0.060
	控制变量					
	公司性质	0.019	0.021	0.030	0.905	0.368
	公司年龄	0.058	0.043	0.067	1.349	0.160
	公司规模	0.107	0.046	0.118	2.326	0.027
	自变量					
	MAR1	−0.318	0.147	−0.341	−2.163	0.039
	MAR2	0.322	0.086	0.348	3.744	0.000
	MAR3	0.246	0.045	0.279	5.496	0.000

续表

模型		未标准化系数		标准化系数	T	显著性
		β	标准误差	β		
2	（常量）	0.334	0.171		1.953	0.060
	控制变量					
	公司性质	0.018	0.022	0.031	0.818	0.285
	公司年龄	0.058	0.045	0.067	1.289	0.174
	公司规模	0.107	0.046	0.118	2.326	0.027
	自变量					
	MAR	0.583	0.062	0.725	9.403	0.000

表 4-25 显示，模型 1 反映了控制变量中公司规模对医药企业经营绩效的影响系数为 0.107，且对应的 p 值在 0.05 的显著性水平下通过检验，说明医药企业的规模对经营绩效存在显著的正向影响；公司性质与公司年龄的回归系数分别为 0.019 与 0.058，但 p 值并未通过显著性统计检验。自变量行业竞争程度（MAR1）对医药企业经营绩效的影响系数为 –0.318，且对应的 p 值在 0.05 的显著性水平下通过检验，说明医药企业面临激烈的行业竞争时，不利于企业短期财务绩效，即研究假设 H2a 通过验证。而企业竞争自由度（MAR2）和市场竞争导向（MAR3）对企业绩效均产生显著的正向影响，即研究假设 H2b、H2c 通过验证。此外，模型方程 2 表明，整体市场竞争强度对企业绩效的影响系数为 0.583，且对应的 p 值在 0.01 的显著性水平下通过检验。因此，根据回归模型 2 的估计结果，研究假设 H2 通过验证，即市场竞争强度对医药企业经营绩效存在显著的正向影响。

综上所述，回归研究结果表明，在大健康战略驱动下，医药行业市场竞争程度对企业经营绩效存在显著的正向影响，其中企业竞争自由度、市场竞争导向与经营绩效呈显著的正相关性，即医药企业所在区域市场化程度，有助于企业绩效的改善，而行业竞争强度由于不利于行业平均利润的提升与维持，对经营绩效存在显著的负向影响。根据现有的文献研究，较多实证过程证明，市场竞争程度对企业经营绩效的影响存在双元性。第一，基于激励理论，市场竞争强度能够激励医药企业革新生产技术，提升生产效率，培育核心竞争力，从而推动医药企业经营绩效的提升。第二，基于供给理论，大量的医药生产企业促成高强度的市场竞争局面，容易造成供过于求和恶性竞争的医药市场，不利于医药行业的可持续发展。医药和健康服务产品市场的供过于求和恶性竞争可能带来医药和健康行业的整体利润的下降，从而导致大量的医药公司业绩下滑，甚至经营不善，破产倒闭。总之，从本书的实证结果来看，目前中国医药和健康服务行业整体处于成长期，市场竞争强度主要发挥和体现了市场机制的激励作用。大健康战略驱动下广大医药企业依据市场竞争导向，优化企业资源的配置效率，努力提升自身企业绩效，即市场竞争强度在行业成熟衰退期表现的副作用在目前医药行业中依然较小。

4.4.3 投资效率的中介作用

在大健康战略驱动下，大健康产业的宏伟前景大大激发了企业的投资热情，医药企业广泛开展了投资活动，特别是在实业投资和人力资本投资领域。为了提升核心竞争力和扩大市场份额，医药行业兼并重组进程加快，医药企业管理层通过实业投资来完成大健康产业战略布局。由于医药行业具有独特的高投入、高技术和高收益等特征，近年来医药企业为了提升生物制药技术创新能力，注重科研人才的培养和引进，加快企业人力资本的投资，努力打造具备高人力资本和科技创新水准的研发团队，从而有助于企业原研药的创新发展。立足于大健康战略规划，通过一系列的投资活动，医药企业可获得丰厚的投资回报，最终促进企业绩效的大幅提升。王心贝（2018）基于协同理论，研究了复星医药企业并购投资行为的绩效评价，通过构建经营协同、管理协同和财务协同等指标评价体系，计算了复星医药并购绩效水平。其中，经营协同主要表现在盈利能力和成长能力，管理协同主要表现在费用控制和能资产管理力，财务协同主要表现在现金流优化效应、财务风险控制效应和节税效应。研究发现，复星医药通过资源整合和组织结构调整等优化手段，使企业并购投资活动实现了收益高回报。因此，大健康战略驱动下医药企业想要投资活动获得净收益，投资过程应合理运用正确的企业管理手段和方法。根据本次研究设计，将运用多元回归和层次回归分析方法，检验大健康战略下投资效率在技术创新与医药企业经营绩效的影响关系中发挥的中介作用。表 4-26 反映了投资效率对技术创新与经营绩效关系的中介效应估计结果。

表 4-26 投资效率对技术创新与经营绩效关系的中介效应估计结果

模型		未标准化系数		标准化系数	T	显著性
		β	标准误差	β		
1	（常量）	0.394	0.159		2.482	0.014
	控制变量					
	公司性质	0.014	0.020	0.022	0.711	0.478
	公司年龄	−0.025	0.019	−0.040	−1.310	0.192
	公司规模	0.116	0.051	0.134	2.275	0.030
	自变量					
	INV1	0.394	0.043	0.441	9.177	0.000
	INV2	0.224	0.042	0.242	5.340	0.000
	INV3	0.265	0.255	0.301	1.039	0.232

续表

模型		未标准化系数		标准化系数	T	显著性
		β	标准误差	β		
2	（常量）	0.322	0.127		2.540	0.012
	自变量					
	TEC	0.617	0.231	0.663	2.671	0.011
3	（常量）	0.158	0.150		1.054	0.293
	控制变量					
	公司性质	0.017	0.018	0.025	0.903	0.367
	公司年龄	–0.023	0.019	–0.036	–1.305	0.193
	公司规模	0.119	0.052	0.141	2.288	0.030
	自变量					
	TEC	0.411	0.063	0.392	6.588	0.000
	INV	0.539	0.060	0.534	8.955	0.000

表 4-26 显示，模型 1 反映了控制变量中公司规模对医药企业经营绩效的影响系数为 0.116，且对应的 p 值在 0.05 的显著性水平下通过检验，说明医药企业的规模对经营绩效存在显著的正向影响；公司性质与公司年龄的回归系数分别为 0.014 与 –0.025，但 P 值并未通过显著性统计检验。自变量实业投资（INV1）和金融投资（INV2）对医药企业经营绩效的影响系数分别为 0.394 和 0.224，且对应的 p 值在 0.01 的显著性水平下均通过检验，说明医药企业在面临当前激烈的行业竞争时，加大实业投资和金融投资力度有助于提升企业绩效，即研究假设 H3a 和 H3b 通过验证。而人力资本投资（INV3）对企业绩效产生正向影响，但未通过显著性检验，即研究假设 H3c 不成立。

关于第一个中介效应检验，模型方程 2 表明，自变量技术创新

（TEC）对医药企业投资效率的影响系数为 0.617，且对应的 p 值在 0.05 的显著性水平下通过检验，说明投资效率满足作为中介变量的先决条件，可进行下一步的中介效应检验。模型方程 3 估计结果表明，整体投资效率对企业绩效的影响系数为 0.539，技术创新对企业绩效的影响系数下降为 0.411，且对应的 p 值在 0.01 的显著性水平下均通过检验。因此，根据回归模型 3 的估计结果，研究假设 H3 通过验证，即市场竞争强度对医药企业经营绩效存在显著的正向影响，同时投资效率在技术创新与医药企业经营绩效影响关系中发挥了部分中介效应，即研究假设 H4 成立。

关于第二个中介效应检验，表 4-27 模型方程 4 表明，自变量市场竞争强度（MAR）对医药企业投资效率的影响系数为 0.583，且对应的 p 值在 0.05 的显著性水平下通过检验，说明满足投资效率作为中介变量的先决条件，可进行下一步的中介效应检验。模型方程 5 估计结果表明，整体投资效率对企业绩效的影响系数为 0.591，市场竞争强度对企业绩效的影响系数下降为 0.308，且对应的 p 值在 0.01 的显著性水平下均通过检验。因此，根据回归模型 5 的估计结果，市场竞争强度对医药企业经营绩效存在显著的正向影响，同时投资效率在市场竞争强度与医药企业经营绩效影响关系中发挥了部分中介效应，即研究假设 H5 成立。

表 4-27 投资效率对市场竞争强度与经营绩效的中介效应估计结果

模型		未标准化系数		标准化系数	T	显著性
		β	标准误差	β		
4	（常量）	0.466	0.128		3.647	0.000
	自变量					
	MAR	0.583	0.032	0.873	18.218	0.000

续表

模型		未标准化系数		标准化系数	T	显著性
		β	标准误差	β		
5	（常量）	0.125	0.149		0.838	0.403
	控制变量					
	公司性质	0.017	0.018	0.025	0.908	0.365
	公司年龄	−0.012	0.017	−0.018	−0.605	0.517
	公司规模	0.108	0.045	0.155	2.412	0.022
	自变量					
	MAR	0.308	0.093	0.334	3.312	0.002
	INV	0.591	0.157	0.648	3.764	0.001

综上所述，实证研究结果表明，大健康战略驱动下投资效率不仅对企业经营绩效存在显著的正向影响，而且在技术创新、市场竞争强度与经营绩效的影响路径中发挥了中介作用。具体而言，实业投资、金融投资与经营绩效呈显著的正相关性，即医药企业近年来通过实业投资和金融投资活动，有效地促进了企业经营绩效的改善，而人力资本投资可能由于投资回报期较长或投资结构不合理，目前对经营绩效尚未表现显著的积极效应。根据现有的文献研究，投资效率与企业经营绩效的正相关性受到较多学者的普遍认可。但是企业管理层在做投资决策时，更加关注一个实际难题：如何准确估计医药企业未来投资项目的收益大小或投资前景。李健（2017）以上海 HL 制药公司为研究对象，通过案例分析方法，探讨了企业的 BF 单抗和 RX 生成素两个投资项目的效益问题。从投资项目的风险要素、市场潜力、经济效益和社会效益等视角，全面剖析和认可了两大投资项目的可行性和必要性。并且为了提高投资效应，进一步提出了产品项目的优化建议。总之，尽管大健康战略驱动下医药企业未来的投资前景和效益令人十分期待，但是由于医药

行业高投入、回报周期长的特性，医药企业的投资决策活动仍然需要谨慎对待，事先应做好投资环境客观分析和精确预估投资项目的效益，事后完善投资活动的管理规划，从而实现企业投资净收益的持续增长。

4.5 稳健性检验

第一，控制变量下总体回归结果的稳健性检验。经过前文多元回归和层次回归分析，技术创新、市场竞争强度、投资效率与企业经营绩效的影响关系得到一定的明晰。为了进一步验证核心解释变量在研究模型的路径稳定性，先后控制企业性质、企业年龄、经营规模等变量，利用 SPSS 22.0 对回归模型进行估计，结果如表 4-28 所示。

表 4-28 总体回归结果稳健性检验

控制变量	模型 1	模型 2	模型 3
企业性质	0.018（0.017）		
企业年龄		−0.014(0.021)	
经营规模			0.103**(0.056)
解释变量			
技术创新	0.270***(0.066)	0.272***(0.068)	0.269***(0.071)
市场竞争强度	0.302***(0.085)	0.295***(0.079)	0.300***(0.087)
投资效率	0.399***(0.053)	0.404***(0.064)	0.402***(0.056)
常数	0.113(0.126)	0.098(0.261)	0.043（0.325）
调整后 R^2	0.827	0.783	0.852
观测值	488	488	488

注：*** 表示 p<0.01，** 表示 p<0.05，* 表示 p<0.1。

表4-28反映了总体回归的稳健性检验结果。在先后控制企业性质、企业年龄、经营规模等变量下，技术创新、市场竞争强度和投资效率对医药企业经营绩效均表现为显著的正向影响，调整后R^2分别为0.827、0.783、0.852，表明本次研究的回归结果具有较强的稳定性和可靠性。企业经营规模作为唯一通过显著性检验的控制变量，表明医药企业扩大经营规模，有助于提升企业经营绩效，即大健康战略驱动下医药行业存在正的规模报酬效应。综上所述，总体回归的稳健性检验结果印证了前文技术创新、市场竞争强度、投资效率与经营绩效的影响关系结论，本文的实证结论具有较高的可靠性。

第二，不同地区回归结果的稳健性检验。为了验证技术创新、市场竞争强度、投资效率与经营绩效之间的假设检验结果稳健性，本书将按不同地区的样本进行回归估计。由于受访者大多来自粤港澳、长三角和环渤海经济圈的医药企业，其中粤港澳企业占比达58.60%，因此本书将来自粤港澳地区和非粤港澳地区分别进行多元回归估计，来验证假设检验结果的稳健性。在子样本回归过程中，应保证满足大样本研究要求，以提升本次回归结果的真实性和可靠性。利用SPSS 22.0对地区子样本进行回归估计，结果如表4-29所示。

表4-29　地区回归结果稳健性检验

控制变量	模型4	模型5
企业性质	0.032（0.024）	0.015(0.022)
企业年龄	−0.014（0.047）	−0.013(0.180)
经营规模	0.004(0.061)	0.025*(0.016)
解释变量		
技术创新	0.265***(0.086)	0.283***(0.065)

续表

控制变量	模型 4	模型 5
市场竞争强度	0.334***(0.083)	0.187(0.169)
投资效率	0.390***(0.078)	0.413***(0.084)
常数	−0.096(0.173)	0.457***(0.067)
调整后 R^2	0.690	0.557
观测值	286	202

注：*** 表示 p<0.01，** 表示 p<0.05，* 表示 p<0.1。

表 4-29 中模型 4 是以粤港澳地区的医药企业为研究样本进行回归估计，模型 5 则是非粤港澳地区。由表 4-29 可知，两个模型中控制变量的实证结果稳定性均较差，且显著性大多未通过统计检验。无论是否属于粤港澳地区，技术创新与投资效率对经营绩效均存在显著的促进作用，说明研究假设 H1 与 H3 稳健性较高。但是，市场竞争强度对经营绩效的影响系数在模型 4 和模型 5 中分别为 0.334 和 0.187，且后者未通过统计检验，说明市场竞争强度的经济作用存在地区差异。综上所述，地区回归结果的稳健性检验印证了前文技术创新、市场竞争强度、投资效率与经营绩效的影响关系，本书的实证结论具有较高的可靠性。

4.6 实证结果分析

在国内外文献的基础上，本书界定了关键变量的定义，梳理了文献综述，并采用调查问卷和深度访谈方式对大健康战略驱动下医药和健康管理服务企业进行调查。通过对相关概念和构成进行剖析，开发了医药企业经营绩效的测度量表，通过因子分析，验证了所开发的医药企业经营量表具有较好的信度和效度。根据所提出的研究假设，设计和完善了医药企业技术创新、市场竞争强度和投资效率变量的测度量表，采用相关分析、多元回归和层次回归对数据进行了实证分析，验证了研究模型中相关联的所有研究假设。实证结果显示，技术创新对医药企业经营绩效呈显著的正相关性，即假设 H1 得到验证。市场竞争强度对医药企业经营绩效存在正向影响，即假设 H2 得到验证。投资效率在技术创新与医药企业经营绩效中发挥了中介作用，假设 H4 得到验证。此外，创新投入和人力资本投资对企业财务绩效可能带来短期的负向效应，如何深入优化投资决策值得企业管理层关注。投资效率在市场竞争强度与医药企业经营绩效中产生了中介效应，假设 H5 得到验证。

本书基于大健康产业数据和问卷调研数据，设计了较严谨的实证过程，总结了当前中国大健康产业链的发展现状，揭示了大健康战略驱动技术创新、市场竞争强度对医药企业经营绩效的影响机理，以及论证了投资效率在研究模型中产生的中介效应。本书的研究结果表明，大健康战略驱动下的技术创新、市场竞争强度对企业绩效都有积极作用，同时投资效率还起到了中介作用。在创新实践中，企业管理层要理解企业自身定位，明确企业战略和技术创新发展方向，即在大健康产业细分行业领域力争打造龙头地位。同时，构建企业创新合作网络系统，加强企业协同创新能力，特别联合利益相关者的外部机构或企业开展协同研发，有助于降低企业技术创新成本，提升技术创新效率，从而促进企业绩效改善。在投资管理活动中，医药企业可以参与多种主体投资方式，如实业投资、金融投资和人力资本投资。其中，在实业投资中企业应考虑自身的技术水平和竞争优势，特别是当前企业热衷的兼并重组应充分结合自身的资源整合能力，提升实业投资的收益率。在人力资本投资中，医药企业为了加强技术创新，需要加大人力资本的投入，引进技术人才，有助于提高技术创新绩效。因此，高风险、高投入的医药行业特性要求医药企业在技术创新和投资管理活动中加强创新与投资的联系，使投资决策科学和高效化。在市场竞争中，大健康战略驱动下的健康产业市场竞争强度趋向白热化，尽管当前市场竞争程度主要体现的是激励作用，但是政府应当强化保护企业知识产权，维护医药创新的积极性，打击恶性无序价格竞争，同时企业也应遵循市场竞争导向来合理配置企业资源，积极创新满足市场需求的新产品。

4.7 本章小结

本章基于严谨的研究设计和广泛的问卷调查，运用了多种统计分析方法检验了相关研究假设的正确性。具体实证分析步骤如下：

第一，运用描述统计方法，分析了488份问卷的样本整体特征结构，确保有效样本的受访者个人和公司构成的合理性。

第二，利用探索式因子分析，完成了技术创新、市场竞争强度、投资效率和经营绩效量表的效度、信度分析，检验了各个量表因子设置的科学性，研究发现本次技术创新、市场竞争强度、投资效率和经营绩效量表具有非常好的结构效度。

第三，使用相关分析检验技术创新、市场竞争强度、投资效率和经营绩效的相关关系，研究发现解释变量市场竞争强度（行业竞争程度、公司竞争自由度与竞争导向）、技术创新（创新投入、创新产出与创新环境）、中介变量投资效率（实业投资、金融投资与人力资本投资）与被解释变量经营绩效（财务绩效、成长绩效与创新绩效）之间均存在显著的相关关系。

第四，运用层次回归和多元回归分析，检验了大健康战略下技术创新、市场竞争强度对医药企业经营绩效的影响，以及投资效率的中介作用。结合前文研究假设，实证回归结果如表 4-30 所示。

表 4-30　假设检验结果汇总

标号	假设	结论
H1	技术创新对大健康企业经营绩效具有显著的正向影响	支持
H1a	创新投入对大健康企业经营绩效提升具有短期的抑制作用	支持
H1b	创新产出对大健康企业经营绩效有显著的促进效应	支持
H1c	创新环境对大健康企业经营绩效提升有显著的推动作用	支持
H2	市场竞争强度对大健康企业经营绩效存在显著的正向作用	支持
H2a	行业竞争程度对大健康企业经营绩效提升具有短期的抑制作用	支持
H2b	企业竞争自由度对大健康企业经营绩效有显著的促进效应	支持
H2c	市场竞争导向对大健康企业经营绩效有显著的改善作用	支持
H3	投资效率对大健康企业经营绩效存在显著的正向效应	支持
H3a	实业投资对大健康企业经营绩效有显著的促进效应	支持
H3b	企业金融投资对大健康企业经营绩效有显著的积极作用	支持
H3c	人力资本投资对大健康企业经营绩效提升有显著的推动作用	不支持
H4	大健康企业投资效率在技术创新与经营绩效关系中起中介作用	支持
H5	大健康企业投资效率在市场竞争强度与经营绩效关系中起中介作用	支持

5 CHAPTER5

案例分析

本章以知本康业集团为研究对象，通过案例分析方法研究大健康战略驱动下知本康业集团的健康产业发展现状，剖析存在的问题，再基于技术创新、市场竞争强度、投资效率与经营绩效的实证研究模型，提出改善集团经营绩效的实践路径。在大健康战略推动下，生物活性肽在运动营养、健康调理、养生保健等方面的功能研究与应用都呈快速增长趋势。生物活性肽行业产量由2012年的76万吨增长到2019年的210万吨，年均增长率高达25%。知本康业集团作为肽科技研发与应用领域的核心企业，如何在大健康战略环境下审时度势优化经营管理和制定战略方向，来努力提升集团经营绩效，发展肽健康产业链，引领生物活性肽前沿科技，这对集团运营规划具有重要的战略意义。尽管知本康业集团迎来了大健康战略的产业春风，但是如何创新发展引领未来肽健康时代，并无可直接照搬的发展经验。因此，本书结合第4章的实证研究结论，通过案例分析，尝试探索一条适合知本康业集团运用的实践路径。

5.1 案例介绍

5.1.1 知本康业集团概况

知本康业集团（以下简称知本康业）成立于2014年，注册资本为4000多万元，坐落于新兴产业集聚的深圳蛇口网谷。自成立以来，知本康业以肽科技为核心技术，致力于研发和应用生物活性肽产品。推动肽科技创新发展，推广肽产品应用领域，打造和主导肽健康产业生态圈，是知本康业近年来最核心的企业价值理念。在大健康战略驱动下，2017年知本康业加快了生物活性肽产品在医疗、美容、保健等领域的应用。

为了打造和主导肽健康产业生态圈，知本康业发展成集生物技术研发和多功能生产制造为一体的高新健康产业集团，同时涉及健康产业投资领域。集团围绕肽科技和肽产品两大核心，进行了全方位的战略布局，旗下共拥有12家子公司。第一，为了加强肽科技创新和肽产品开发，集团成立了知本肽类物质基础研究院、知本肽类物质应用研究院和知本康业教育学院。第二，在钛产品生产制造领域，集团设立了知本康业生物技术有限公司、知本康业实业有限公司等，其中知本康业生物技术有限公司是重要的肽原料生产基地。第三，为了加强健康产业投资管理，集团下设了知本康业股权基金管理有限公司和知本康业投融资管理有限公司。第四，为了生物活性肽产品的商业推广应用，集团成立了肽之妃生物科技有限公司、肽护生物科技有限公司和亘本生物科技有限公司等，其中肽之妃生物科技有限公司和肽护生物科技公司注册资本超1000万元，生产开发了多个肽系列产品。综上可知，目前知本康业集团通过肽健康产业投资，打造了较全面的肽产品产业链。

为了说明集团与子公司以及这些子公司之间的组织联系，进一步了解知本康业控股集团的内部运营架构，有必要梳理知本康业控股集团的组织结构。知本康业集团现行的组织结构如图 5-1 所示。

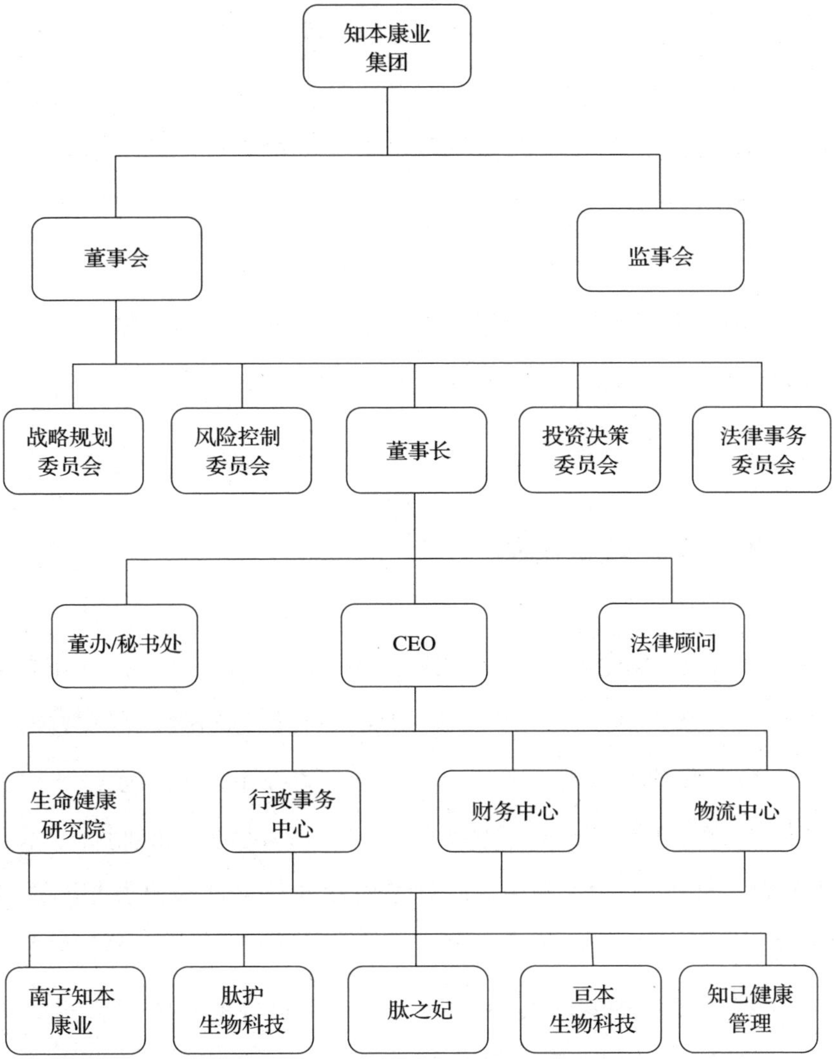

图 5-1　知本康业集团现行的组织结构

从图 5-1 来看，知本康业集团分别设立了决策、执行和监察部门，其中以董事长为核心的董事会负责集团战略决策，监事会负责集团业务的审计监察，以CEO为首的执行部门负责集团运营管理。具体而言，董事会为了集团科学决策，成立了战略规划委员会、风险控制委员会、投资决策委员会和法律事务委员会。集团CEO对董事会负责，接受董事长的领导。CEO负责执行集团经营决策，领导管理生命健康研究院、行政事务中心、财务中心和物流中心业务，其中生命健康研究院包括知本肽类物质基础研究院和知本肽类物质应用研究院。值得注意的是，集团CEO并不直接负责子公司的经营业务，而是通过多个职能部门加强对子公司的领导，通过直属职能部门对子公司施加集团影响力。深圳知本康业、肽护生物科技等旗下子公司，分别负责经营集团肽产品生产和应用业务，解决集团肽原料生产制造和肽产品商业推广。

5.1.2 核心竞争优势

（1）研究院助研活性肽科技创新。为了掌握核心肽科技，知本康业集团实施了一系列集团肽工程计划：第一，在肽原料生产研发方面，成立了知本肽类物质基础研究院。一直以来，知本肽类物质基础研究院致力于肽的基础理论研究，开发新型肽品种，研发肽原料的制备技术。截至2020年，知本肽类物质基础研究院成功获取发明专利9项，申请发明专利数量达30项。在不断的科研攻关下，2019年知本肽类物质基础研究院提炼的肽原料的纯度和分子量两大核心参数不仅超过了国家标准，而且成为国内外唯一掌握双切割技术生产蛋白多肽的健康产业企业。

第二，在肽产品应用孵化方面，成立了知本肽类物质应用研究院。

自成立以来，知本肽类物质应用研究院专门从事肽的应用研究，孵化深受市场欢迎和满意的肽产品。肽产品的开发和商业应用，事关集团企业的产业布局和利润增长点，对知本康业集团经营绩效提升发挥了至关重要的作用。截至 2020 年，知本肽类物质应用研究院在医疗、食品、美容领域开发设计了 7 个大类肽产品，共申请注册商标 32 件，获准许生产肽产品达 10 个。

综上所述，知本康业集团通过知本肽类物质基础研究院和知本肽类物质应用研究院，建立了一支拥有较强实力的肽科技研发团队，使科技创新涵盖了肽原料生产和肽产品应用两大核心领域，有利于集团发展积累领先肽行业的科技实力。

（2）多元化肽产品占领细分市场。知本康业集团基于活性肽的生物功能，开发了丰富的肽产品体系。从生物学角度来讲，肽是由两种或者两种以上游离的氨基酸脱水缩合，通过肽链链接而成的生物活性物质。随着岁月流逝，人体机能下降退化的动因之一就是细胞活性降低。而活性肽的最大作用就是调节细胞活性，即通过激活细胞活性，修复受损细胞，促进细胞的新陈代谢来增强人体活力。基于活性肽对细胞的调养和修复作用，知本康业集团通过开发医疗、食品、美容领域的肽产品，来占领肽健康行业的细分市场。表 5-1 反映了目前知本康业集团开发的肽产品体系。第一，在医疗卫生行业，集团子公司肽护生物科技有限公司将活性肽应用到女性私密护理，推出了活性肽私密护理液、肽博士特护湿巾、活性肽抗菌凝胶和活性肽排毒凝胶等产品，主要针对女性尤其是都市女性客户群体；第二，在保健食品行业，分别通过子公司南宁知本康业公司和亘本生物科技有限公司将活性肽应用到营养保健计划，并推出了肽玺液体肽食品和亘本固体肽食品，主要针对女性、儿童和中老年客户群体；第三，在美容化妆行业，集团子公司肽之妃生物科技有限公司将活性肽应用到美容护肤领域，推出了肽科技面膜等肽产品，主要定位于有一定经济实力的都市女性客户群体。

表 5-1 知本康业集团多元化钛产品体系

行业领域	肽产品类型	肽产品品牌	生产子公司	产品定位群体
医疗卫生	卫生护理品	肽护	肽护生物科技	女性
	特护湿巾用品	肽博士		都市女性
保健食品	液体肽食品	肽玺	南宁知本康业	女性
	固体肽食品	亘本	亘本生物科技	儿童、中老年群体
美容化妆	美容护肤品	肽之妃	肽之妃生物科技	都市女性

综上所述，知本康业集团运用活性肽的生物功能，通过子公司运营打造了肽护、肽博士、肽玺、亘本和肽之妃等肽产品品牌，年总产量达800多万瓶，涉足医疗卫生、保健食品和美容化妆行业。多元化肽产品体系耕耘在不同的细分行业，有利于扩大知本康业集团在肽健康生态圈的整体影响力。

（3）教授团队领衔开启校企深度合作。为了提高肽原料生产制造技术水平，以及加快肽产品的应用与推广，知本康业集团依托知本肽类物质基础研究院和知本肽类物质应用研究院两大平台，借助高校生物细胞工程的专家教授资源，组建了一支学历高、专业强、知识广的科研团队，加深了在活性肽领域的校企合作力度。由于集团最大肽原料生产基地坐落于南宁，2015 年，知本康业集团与广西大学建立了肽原料研发合作伙伴关系，并且任命了梁尚文为知本肽类物质基础研究院院长。作为集团首席科学家和技术顾问，梁尚文教授多年来专注于活性肽的基础研究，并发表了数十篇高水平的论文，在肽领域享有较高的声誉，享受国务院特殊专家津贴。在梁尚文教授团队的带领下，知本康业集团数年间申请了20多项发明专利，奠定了知本康业控股在肽产业链生态中的引擎地位。

在肽产品应用研发方面，知本康业集团考虑旗下肽产品主要定位于都市白领女性，因消费者具备时尚、前沿的消费特征，故选择上海的华东理工大学和杭州的浙江大学开启了集团与高校协同开发的创新模式。2016年，知本康业集团与华东理工大学、浙江大学建立了肽科技商业转化与肽产品应用的研发合作伙伴关系，并且任命高峰为知本肽类物质应用研究院院长。高峰教授长期从事生物制药、医用生物材料的应用研发研究，参与了多项国家级科研项目，具有较丰富的生物材料应用经验。在高峰教授团队的带领下，知本康业集团短短数年间开发打造了肽护、肽博士、肽玺、亘本和肽之妃等肽产品品牌。

综上所述，知本康业集团通过与广西大学、浙江大学、华东理工大学加强校企合作，建设了一支由教授专家领衔的技术团队，稳固了集团在肽产业链生态中的引擎地位。

（4）明确以发展多肽科技与产品为核心的战略规划。知本康业集团长期耕耘肽产品的商业应用，运营战略与企业定位是十分明确的，树立了伟大产业发展蓝图：发展以肽科技为核心，以主导国家肽领域研究与应用标准为战略目标，以全人类补肽为伟大愿景的大健康产业集团。多肽是由三个及三个以上氨基酸分子组成的肽物质。生物研究表明，多肽对人体具有增强免疫力和调节新陈代谢的强大功效。因此，多肽科技和多肽产品是今后肽科技和产品创新发展的重点方向，同时保持多肽稳定性、提高肽产品的保健功效也是肽健康产业链的关键难点。

2019年，知本康业集团提出了蛋白多肽科技产业计划，并以此作为集团近年来核心企业战略规划。该计划围绕多肽科技和产品，旨在建立产研孵化一体的蛋白多肽产业集群，不断提升我国蛋白多肽产业在国内市场占有率和国际竞争力。近年来，集团坚持以发展多肽科技与产品为核心的战略方向，有效地整合调动了集团和子公司的生产资源，多肽科技和产品获得迅猛发展，目前集团掌握了多项拥有知识产权的肽健康产业生产技术，2020 年集团旗下多肽产品产值超 2 亿元。

综上所述，知本康业集团管理层充分考虑了肽产业链发展趋势，明确了以发展多肽科技与产品为核心的企业战略规划，制定了适应市场和符合肽健康产业发展规律的重大战略，使集团及子公司在蛋白多肽产业形成强大的凝聚力，提升了集团的战斗力和发展潜力，从而有助于提高集团核心竞争力。

5.1.3 大健康战略下集团竞争环境分析

（1）机遇分析：大健康战略助推多肽产业高速发展。2016 年 10 月，中共中央、国务院联合印发了《“健康中国 2030”规划纲要》，明确了未来 15 年内推动健康中国建设的行动纲领。2017 年，党的十九大进一步突出强调，努力践行实施健康中国战略，标志着推进健康中国和全民健康上升到国家战略层面，即大健康战略正式上升为国家战略意志。2017 年 1 月国家发展和改革委员会、工业和信息化部联合颁布的《关于促进食品工业健康发展的指导意见》中，明确鼓励开发活性肽健康和保健产品。在大健康战略驱动下，国民健康意识增强，政府大力鼓励发展健康产业，多肽产业近年来发展势头十分强劲。截至 2020 年，中国多肽行业产业链条上有 6000 多家企业。其中，广东省、山东省、江苏省、北京市、浙江省名列前五，普遍处于沿海和经济发达地区。在未来，少数拥有核心竞争力的先锋企业将引领整个蛋白多肽行业的发展走势。

由图 5-2 可知，国内多肽行业产值由 2017 年的 677.8 亿元增长到了 2020 年的 1023.24 亿元，年均增长率达 17%。由此可见，近年来多肽健康产业在沿海和经济发达地区迅猛发展，行业市场规模不断扩大，同时伴随高科技和高净利等行业特征，成为高成长性的朝阳行业。在大健康战略驱动下，知本康业集团从事肽科技研究和肽产品应用，特别是多肽产品的开发精准研判了活性肽行业的发展方向，把握了健康产业发展的历史性机遇，最终进入了高速发展快车道。

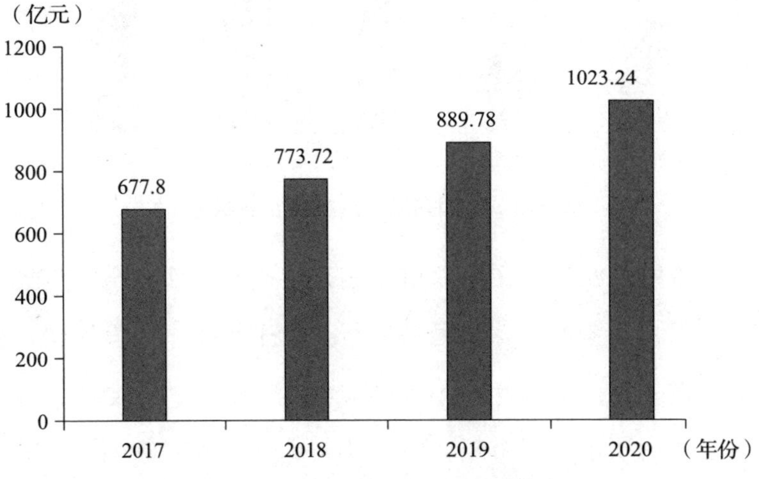

图 5-2 多肽行业市场规模

（2）威胁分析：多肽行业竞争加剧，生产技术要求提高。尽管知本康业集团正处于多肽行业的成长期，业务开拓进展较快，但是整体多肽行业市场竞争程度加剧，突出表现为活性肽生产制造企业增多，肽产品体系品种繁多，功效不一。由图 5-3 可知，中国多肽所属行业企业数量由 2016 年的 724 家增加到 2020 年的 2278 家，年均增长率高达

42.93%，说明近年来在大健康战略和高利润驱动下，中国多肽行业企业数量增长速度较快。多肽行业企业数量的迅猛增加，必然带来行业市场竞争强度上升，知本康业集团面临的竞争对手增多，维持和开拓肽产品业务市场的难度和压力也在与日俱增，业务收入和净利润都受到了不同程度的威胁。

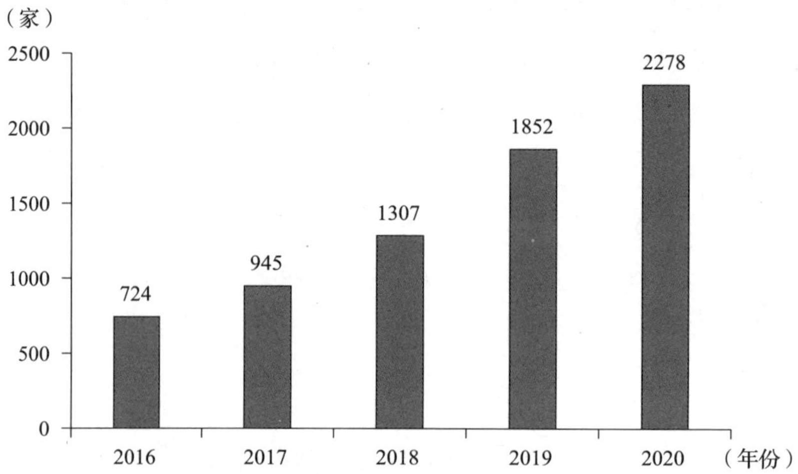

图 5-3　中国多肽所属行业企业数量

此外，蛋白多肽产品在国内市场刚开始兴起，而在全球市场早已受到了欧美等发达国家的青睐。国外肽行业由于起步早、发展快，肽生产技术更加先进，生产的肽产品不仅品类丰富，而且功效全面，以致通过国际贸易迅速占领了中国市场。由图 5-4 可知，2020 年中国多肽行业进口额达 1743 万美元，并且近年来呈上涨趋势，这表明，国内多肽行业正在面临进口肽产品的竞争冲击，进口肽产品给肽产业链又增添了一道生存风险。

综上所述，知本康业集团正面临的生存威胁来自日益增加的国内同行竞争以及高质量的进口肽产品，这表明了肽行业市场竞争程度日渐白热化，知本康业集团只有提高生产技术要求，才可能占稳多肽市场的一席之地，获得较强的核心竞争力。

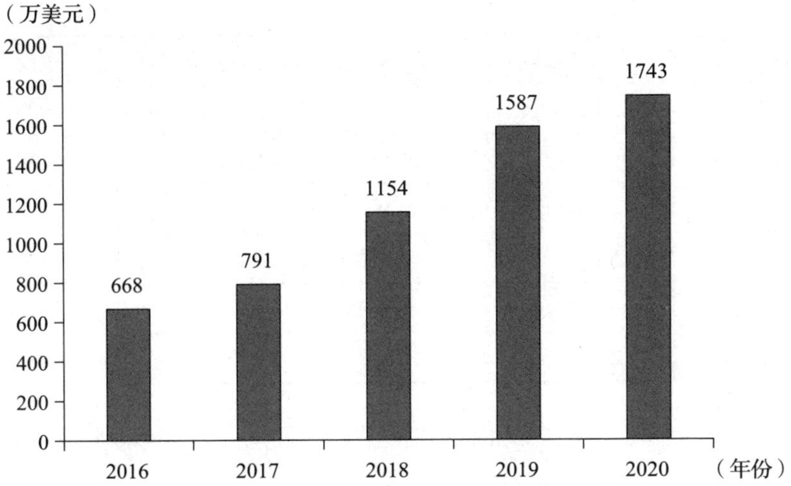

图 5-4　中国多肽行业进口额

（3）技术分析：多肽专利保护到期，多肽仿制药迎发展。目前，多肽在医疗领域的应用十分广泛，国外许多医药企业针对免疫性缺陷疾病、心脑血管疾病、糖尿病等开发了多项多肽类药品。然而，目前国内对多肽的医疗应用集中表现在仿制药的生产，自主原研药开发较少。不可否认，仿制药生产或盈利的最大“短板”在于专利的保护与使用。专利保护权不仅限制了企业仿制药生产力，而且高额的专利使用费也影响了国内医药企业的盈利能力。由表 5-2 可知，国外多项重要的多肽专利保护将在近几年内陆续到期，如奥曲肽、艾塞那肽、格拉替雷、利拉鲁肽、特立帕肽和戈舍瑞林等，并且这些多肽药品在国外十分畅销。随着我国老龄化程度的加剧，慢性病患者不断增加，奥曲肽、艾塞那肽和戈舍瑞林等多肽药品在国内市场销售量占绝大部分。因此，随着国外多肽专利保护陆续到期，未来可能更多的中国医药企业会加入多肽仿制药行列，也将推动它们寻找新的仿制药利润增长点，最终带来多肽类药品行业规模迅猛增加。

表 5-2　国外主要多肽专利到期情况

药品中文名	商品名	原研企业	专利到期	适应证
奥曲肽	Sandostatin	诺华	2014 年 1 月	肢端肥大症
艾塞那肽	Byetta	阿斯利康	2016 年 12 月	Ⅱ型糖尿病
格拉替雷	Copaxone	迪瓦	2017 年 1 月	多发性适应证
利拉鲁肽	Victoza	诺和诺德	2017 年 8 月	Ⅱ型糖尿病
特立帕肽	Forteo	利来	2018 年 12 月	骨质疏松症
戈舍瑞林	Zoladex	阿斯利康	2022 年 4 月	前列腺癌等

综上所述，随着国外多肽专利保护陆续到期，知本康业集团将在肽产品的医疗应用上面临更多的制药选择，在不断积累自身生物制药实力的基础上，有序地加入多肽仿制药行业，不仅有助于丰富集团肽产品体系，而且可以为集团增添了新的经济利润增长点。

（4）需求分析：多肽行业需求量激增，肽原料供应紧张。随着经济社会的进步，人们的健康保健意识不断增强，许多居民家庭有条件享受高质量的医疗服务，同时社会老龄化加剧，活性肽由于细胞修复和调节新陈代谢等功效受到了越来越多的年轻女性和中老年人的青睐，品类丰富多肽产品近年来也受到了市场的广泛欢迎。由图 5-5 可知，中国多肽行业整体需求量由 2016 年的 143.3 万吨增长到了 2020 年的 272.8 万吨，年均增长率达 22.59%。且近年来，多肽行业整体需求量呈现不断上涨的趋势，而 2020 年肽原料生产供应量只有 251.6 万吨，这说明当前中国多肽行业的肽产品正在逐渐获得消费市场的认可，肽消费群体在不断扩大，这对上游产业肽原料的制备与供应能力提出了更高的要求，肽产业链的上游企业要不断地改进肽提炼技术，保证下游企业的肽原料的供应，促进肽健康产业的持续性繁荣发展。

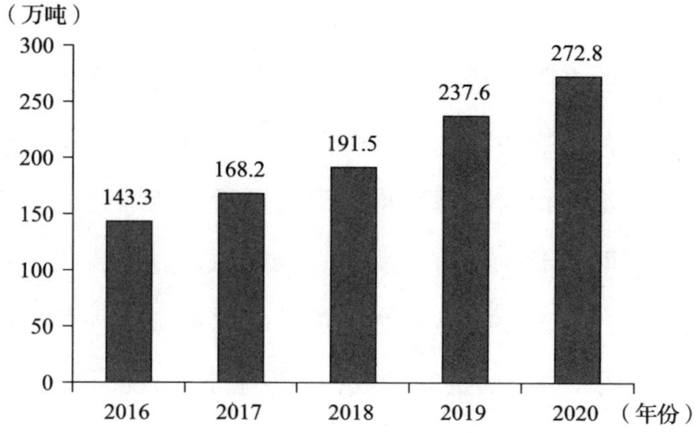

图 5-5 中国多肽行业整体需求情况

综上所述，知本康业集团正面临多肽市场需求量快速增长，而肽原料供应紧张，甚至肽行业需要通过进口肽原料来保障下游企业的稳定生产。基于行业供求态势，如果知本康业集团子公司制备的肽原料无法满足集团的生产需要，那么未来肽原料价格的上涨会增加集团购买肽原料的生产成本。

5.2 企业存在的问题

5.2.1 财务绩效：肽原料产能落后，多肽产品营收水平较低

知本康业集团的营业收入主要来自生物肽原料和多肽产品销售，其中 2019 年肽原料营业收入在集团占比为 35.3%，多肽产品营业收入占比达 62.7%。知本康业集团肽原料生产制备基地坐落于南宁市，成立了南宁知本康业有限公司，专门负责集团钛原料生产制备。2020 年，南宁知本

康业有限公司生产各种动物、植物、微生物多肽原料 250 吨。由表 5-3 可知，南宁知本康业有限公司生产肽原料主要由植物活性肽和动物活性肽两类构成。其中，植物活性肽主要生产有大豆肽、豌豆肽、木薯叶肽和桑叶肽四种，且这些植物活性肽均广泛应用于功能性食品，如营养保健食品；动物活性肽主要生产有牛奶肽、牡蛎肽、血抗菌肽、蝇蛆肽、水蛭素肽、胶原蛋白肽、鱼鳃软骨肽和鱼骨胶原蛋白肽八种，且这些动物活性肽均广泛应用于医疗、美容领域，如卫生杀菌、护肤美容等肽产品。

表 5-3　南宁知本康业肽原料生产品类

肽分类	肽品名	功能应用
植物活性肽	大豆肽	功能性食品
	豌豆肽	
	木薯叶肽	
	桑叶肽	
动物活性肽	牛奶肽	美容、食品
	牡蛎肽	美容、功能性食品
	血抗菌肽	医疗、美容、食品
	蝇蛆肽	医疗、美容
	水蛭素肽	医疗、功能性食品
	胶原蛋白肽	美容、食品
	鱼鳃软骨肽	医疗、美容、食品
	鱼骨胶原蛋白肽	美容、食品

总之，尽管知本康业集团建立了自产自销的肽原料生产基地，但在肽原料生产制备方面仍然存在以下问题：①肽原料产能落后。与国内上万吨的肽行业需求量相比，南宁知本康业年生产量 200 多吨显得十分微小。②肽原料生产结构单一。目前，南宁知本康业主要利用动植物蛋

白，通过酶解方法生产运用于食品领域的功能性肽原料，生产结构单一，多肽药原料涉及较少。③肽原料生产建设不足。整体知本康业集团肽原料需求依赖唯一的南宁肽原料生产基地，一旦子公司提供的肽原料无法满足集团肽产品的生产要求，只能以高价通过市场购买原料生产，严重迟滞了集团的肽健康产业发展。

目前，知本康业集团通过肽护科技等子公司运营，加快进军医疗卫生、保健食品和美容化妆行业，打造了肽护、肽博士、肽玺、亘本和肽之妃等肽产品品牌，固体和液体肽食品年总产量达到 800 多万瓶。由图 5-6 可知，知本康业集团多肽产品营业收入由 2017 年的 6130 万元增长到了 2020 年的 2.046 亿元，年均增长率达到 58.4%。尽管近年来知本康业集团多肽业务营收增长速度较快，但是市场总占有量相对不足。2020 年中国多肽行业市场规模达 1023 亿元，可见知本康业集团在多肽行业的销售收入水平处于较低水平，同期肽行业龙头企业人民国肽营业收入已经超过百亿元。总之，知本康业集团近年来在医疗卫生、保健食品和美容化妆行业推出了许多具有市场特色的多肽产品，且产业扩张速度十分迅速，但相对于多肽行业而言整体营业收入水平仍然较低。

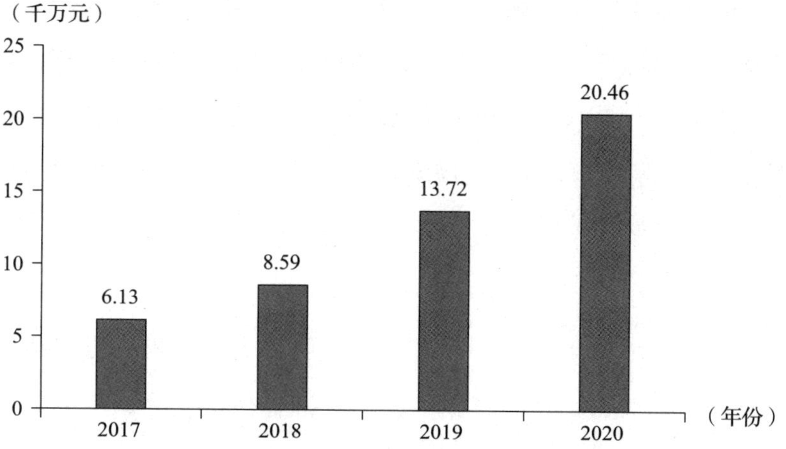

图 5-6　知本康业集团多肽业务营收情况

综上所述，知本康业集团近年来在多肽行业取得了一定的市场业绩，但其财务绩效上仍然表现了一些现实经营问题：肽原料产能落后，多肽产品营业收入水平较低。

5.2.2 成长性绩效：多肽药品开发力度小，知名品牌效应不足

知本康业集团依托知本肽类物质基础研究院和知本肽类物质应用研究院，不断研发提炼多肽分子原料和开拓肽产品的市场应用，通过集团旗下子公司完成肽产业布局，拥有专业化的肽原料制备基地，以及多样化的肽产品加工场所。在肽原料方面，南宁知本康业主要通过动植物蛋白，提炼了植物活性肽和动物活性肽原料，如大豆肽、豌豆肽和牛奶肽、牡蛎肽等，这些肽原料大多属于功能性多肽范畴。在肽产品方面，知本康业集团通过肽护科技、肽之妃生物科技等子公司运营，加快进军医疗卫生、保健食品和美容化妆行业。其中，在医疗行业知本康业集团主要利用了生物活性抗菌肽，推出了女生卫生护理用品，如肽护私密护理凝胶、肽护私密护理液等，但并未涉及其他多肽药物开发。目前，国内多肽药品研发主要集中于抗癌、抗糖尿病、抗心力衰竭三大领域，大多属于仿制类药，且多肽药品生产需要的肽原料接近 80% 依赖于进口，其主要原因在于长肽链的多肽合成技术不成熟。因此，知本康业集团尽管在保健食品和美容护肤领域开发了相关的多肽产品，但多肽药品在整个肽产品体系中仍然存在很大的空白。

目前，知本康业集团旗下拥有肽护、肽博士、肽玺、亘本和肽之妃等多个肽产品品牌，通过生产销售固体和液体保健食品、女性美容护肤产品以及女性卫生护理用品，打造多肽产业品牌影响力。肽护、肽博士

等多个肽产品的品牌定位大多针对年轻都市女性、中老年免疫力下降群体或其他高端消费群体，试图在美容美妆和保健食品行业迅速占领一席之地。尽管知本康业集团拥有多个自主商标品牌，也涉足了医疗卫生、保健食品和美容化妆等多个领域，但拥有的知名品牌尚不多见，知名品牌效应不足，具体表现有：第一，集团多肽产值相对行业内龙头企业差距过大，同期肽行业龙头企业人民国肽的营业收入已经超过百亿元。第二，集团主打的保健食品和美容护肤品，没有形成强大的名牌效应来帮助子公司打开肽健康产业市场。第三，多肽品牌代理渠道不完善。目前无论是线上还是线下代理知本康业集团产品品牌的销售商比较少的，品牌影响力在肽行业没有发挥应有的作用。综上所述，尽管知本康业集团为了抢占肽行业业务市场份额，全方面快速进军医疗、食品和美妆行业领域，也拥有了多个自主商标品牌，但是多个肽产品主线也分散了企业资源，没有形成市场合力，来打造集团的明星品牌产品，品牌效应仍然较弱。

5.2.3 创新绩效：长肽链的合成技术水平落后，创新原研产品少

长期以来，知本康业集团以活性肽为中心，创新发展了一系列的肽原料制备和肽产品开发技术，形成了多项具有商业价值的发明专利，例如，在蛋白肽提炼上，知本康业集团申请了从金边蚂蟥中制取蛋白肽的方法、猪脑蛋白酶解制备脑多肽和脑小分子的方法、左旋多巴等发明专利；同时，在蛋白肽产品应用上，知本康业集团申请了富硒茶叶蛋白多肽及应用、牛奶蛋白多肽及应用、胶原蛋白多肽及应用等发明专利。值得一提的是，知本康业集团首创的双切割一步法，是真正

具有自主知识产权的专利技术。双切割一步法突破了肽难干燥、难结晶的技术难题，缩短了蛋白多肽的制备时间，有效提高了产品的质量和市场竞争力。尽管知本康业集团通过知本肽类物质基础研究院和知本肽类物质应用研究院研发了一系列独特的肽原料提炼技术与蛋白肽应用技术，但在技术层面仍然存在以下不足：第一，集中研发动植物蛋白短肽提炼技术，缺乏长肽链的合成技术突破创新。目前，在多肽原料提炼上，主要依赖于动植物蛋白酶解制备，此类动植物活性肽具有分子小、肽链短等特征，无法用于高技术要求、高利润的多肽药品生产，从而不利于集团总产值规模的高速增长。第二，蛋白多肽制备成本高，肽纯度有待提高。南宁知本康业有限公司作为集团唯一的肽原料生产商，通过动植物蛋白提炼多肽分子，不仅需要较多的动植物蛋白原料，而且提炼的肽纯度不足，造成较高的制备成本。在市场推广上，提炼的蛋白多肽也无法广泛地应用于多肽药品，大多局限于保健食品和美容美妆领域，从而限制了集团和子公司的业务扩展能力和速度。

从知本康业集团开发的肽产品来看，主打调高免疫力、改善血脂、美容养颜等功能性多肽的产品应用，但是整体肽产品体系仍然存在以下问题：第一，低水平重复研发生产，创新原研产品少。在保健食品市场上，存在许多提高免疫力、调节气血等功能的保健品，知本康业集团也顺势推出了肽玺、亘本的肽健康食品，但在产品功能上，并未体现创新性改进，重复地建设生产导致集团肽健康食品竞争十分激烈。第二，产品过度包装，市场价格较高。由于肽产品较高的生产成本和身体保健功能，加上采用礼盒式包装，集团推出的肽健康产品许多定位于都市女性白领和高收入群体，肽产品市场价格较同类产品相对较高，不利于知本康业集团迅速打开肽健康产品消费市场。综上所述，知本康业集团可能受限于长肽链的多肽合成技术水平不足，目前创新具有强市场竞争力的原研产品数较少。

5.2.4 组织结构不完善，子公司定位不明晰

为了高效运行和对子公司有效的管理规划，知本康业集团设计了一套集团组织架构（见图 5-1）。从图 5-1 组织结构设计来看，目前知本康业集团存在以下不完善的地方：第一，职权重叠，组织冗员。集团董事会以董事长为核心，成立了战略规划委员会、法律事务委员会、风险控制委员会等，但董事长作为董事会的核心和首脑，又直辖了专门的法律顾问部门，这与同在董事会的法律事务委员会存在职权重叠，可能会造成组织冗员现象，从而增加集团的管理成本。第二，职能部门体系不完善，不利于统筹管理。CEO 作为知本康业集团管理决策执行层最高领导，负责集团的运营规划和日常管理事务，领导管理生命健康研究院、行政事务中心、财务中心和物流中心业务，其中生命健康研究院包括知本肽类物质基础研究院和知本肽类物质应用研究院。但是，CEO 下设的职能部门不仅没有将审计部、售后部单独建立，体现不了对公司财务制度建设和客户体验感的重视，而且缺乏战略规划和销售部门的整体调配，不利于集团统筹运营管理。综上所述，知本康业集团组织结构的不完善，不仅不利于集团运筹管理和业绩稳步提升，而且也不利于培育积极的企业文化，如客户至上、永铸精品、风险控制等。

为了打造功能丰富、产品多样的肽产品体系，以及能够迅速抢占肽市场份额，知本康业集团在保健食品、美容护肤、卫生护理类成立了对应的子公司进行专业化生产，同时还由子公司南宁知本康业专门提供集团生产所需的肽原料。尽管集团通过控制指导多个子公司生产进行肽

健康产业布局，同时给予子公司一定的运营管理自由度，但是在子公司的管理规划上仍存在以下主要问题：第一，子公司定位不明晰，缺乏层次性。知本康业集团在保健食品、美容护肤、卫生护理领域成立了多个子公司，但没有明确各子公司在集团的定位，这将导致集团资源配置无序化，甚至造成集团资源的过于分散。例如，南宁知本康业有限公司作为集团唯一的肽原料生产基地，高品质、稀缺型的肽原料在子公司间如何分配，必然影响各子公司的生产规划和发展前景，没有层次性的企业定位不利于集团战略的全局规划，也将影响集团资源的配置效率。第二，管理模式灵活性不足，缺乏协调机制。集团 CEO 通过并不完善的职能部门，加强对子公司的计划指导，但是这种自上而下的直线型管理模式容易形成僵化的体制，灵活性差，并且子公司间也缺乏，提高团结协作能力的协调机制，从而阻碍了集团经营绩效的提升。综上所述，知本康业集团对子公司的直线型管理模式，没有使子公司明确其集团定位，既不利于加强子公司间的交流和协作，也不利于子公司养成维护集团整体利益的意识，最终影响集团资源的优化配置。

5.3 成因分析

5.3.1 多肽合成技术创新能力不足，多肽产品差异化不明显

南宁知本康业有限公司作为集团唯一的肽原料生产基地，主要依靠生物提取和酶解的方式提取肽原料，提炼制备了多种动植物活性肽，其

中大豆肽、豌豆肽、木薯叶肽和桑叶肽等植物活性肽均广泛应用于功能性食品，如营养保健食品；动物活性肽主要有牛奶肽、牡蛎肽、血抗菌肽、蝇蛆肽、水蛭素肽、胶原蛋白肽、鱼鳃软骨肽和鱼骨胶原蛋白肽八种，且这些动物活性肽均广泛应用于医疗、美容领域，如卫生杀菌、护肤美容等肽产品。而生物提取的制备方法需要消耗大量的动植物蛋白原料，且提取的肽原料产量相对较小，肽纯度也不高，从而限制了集团的生产能力和业务规模。造成了这一系列被动的、落后的肽原料生产局面，其主要原因是知本康业集团在多肽合成方面技术创新能力不足，使得集团很难化工合成功能齐全、效果明显的长肽链多肽蛋白。多肽合成技术创新能力不足，使南宁知本康业有限公司的生产技术水平难以发生突破性改进；多肽合成技术创新能力不足，也使南宁知本康业有限公司难以降低肽生产成本和提高肽原料产量，最终将难以实现高质量的肽原料自给自足。因此，多肽合成技术创新能力不足，从肽产品生产的源头制约了知本康业集团的经营管理和长久发展。

目前，知本康业集团旗下拥有多个肽产品品牌，主要生产销售固体和液体保健食品、女性美容护肤产品以及女性卫生护理用品，建立了较完备的多元化肽产品体系。从产品的涉猎行业来看，集团在知本肽类应用研究院的支持下，研发了不同行业领域的活性肽应用，推出的肽产品也受到了一定的市场欢迎，但是多元化的肽产品体系也表现了一个较严重的弊端——多肽产品差异化不明显。具体而言，多肽产品的差异化较弱，主要体现在：第一，多肽产品品类有待于丰富。例如，对于利润高、市场前景广阔的多肽药品领域，集团在技术、资金上没有给予重大的支持，也就无法拥有具备竞争优势的多肽药品自有品牌。第二，产品功效缺乏竞争力。无论是固液保健食品还是女性美容护肤产品以及女性卫生护理用品，都有待进一步提升产品功效，与同行竞争企业相比，肽产品功效未见明显的不同之处。集团缺乏高利润、强竞争力的肽产品，没有打造与市场不同的差异化肽产品，必然影响集团在肽健康行业的市场地位，不利于集团经营绩效的增长。综上所述，忽视发展多肽合成技术，不注重提升技术创新能力，必然影响知本康业集团肽产品应用的开拓与推广，不利于打造具有强竞争力、高利润的差异化肽产品体系，最终迟滞了集团经营绩效的提高。

5.3.2 市场竞争强度日渐激烈，净利润增长放缓

近年来，在大健康战略的驱动下，多肽行业迎来了产业发展的春天，各项多肽生物工程获得了国家资本和民间资本的大力支持，涌现了一大批从事多肽领域的研究院所和科技企业。多肽行业市场竞争强度日渐激烈的主要原因有：首先，多肽企业的增加势必加剧了多肽行业的市场竞争激烈程度，知本康业集团面临着更多的本土企业加入行业竞争，意味着同类无差别的肽产品将越来越多。其次，个性化和无界化的销售网络，加快了多肽行业的市场竞争和市场分化。随着互联网经济的兴起，个性化的销售服务逐渐深入人心，也打破了传统销售的区域限制，促使多肽行业过早地进入全国性竞争状态，以及不可避免地进入市场分化。最后，国外多肽行业由于发展早、技术水平高，其肽产品和肽原料占据了高端肽消费市场，国际资本的进入也加深了多肽行业的市场竞争程度。特别是高质量的、复杂的蛋白多肽原料，国内多肽企业往往依赖于进口。因此，在大健康战略和老龄化的背景下，国内外产业资本不约而同地投资于肽健康行业，这也不可避免地使知本康业集团面临着激烈的市场竞争。

面临肽健康产业越来越激烈的市场竞争环境，具体表现为活性肽生

产制造企业增多，肽产品体系品种繁多，而且功效不一，知本康业集团将承受越来越大的竞争压力，市场份额可能被同行不断挤压，产品利润空间也随时可能发生下降，甚至存在亏损的风险。由图 5-7 可知，知本康业集团净利润由 2017 年的 346 万元增长到 2020 年的 1668 万元，年均增长率高达 127%，说明近年来随着生产技术效率提高和业务快速拓展，知本康业集团净利润的增长速度较快，但值得注意的是，自 2019 年开始，集团净利润增长速度开始放缓，虽然净利润总额在不断增加，但很大程度是由多肽产业市场规模扩张引致的。知本康业集团近年来净利润增速放缓的主要原因有两个：一个是，肽行业市场竞争程度加剧，越来越多的多肽企业加入了市场竞争，多肽供求关系的改变降低了行业的平均利润；另一个是，知本康业集团多肽制备生产技术创新水平较低，受市场欢迎的高差异化多肽产品较少，难以打造一款高利润又不易被模仿的多肽产品。综上所述，行业市场竞争强度日渐激烈，知本康业集团净利润增长放缓，将对集团的经营发展产生较大的风险压力，也在一定程度上助推了集团的经营业绩下滑，这使集团的运营管理面临了新的考验。

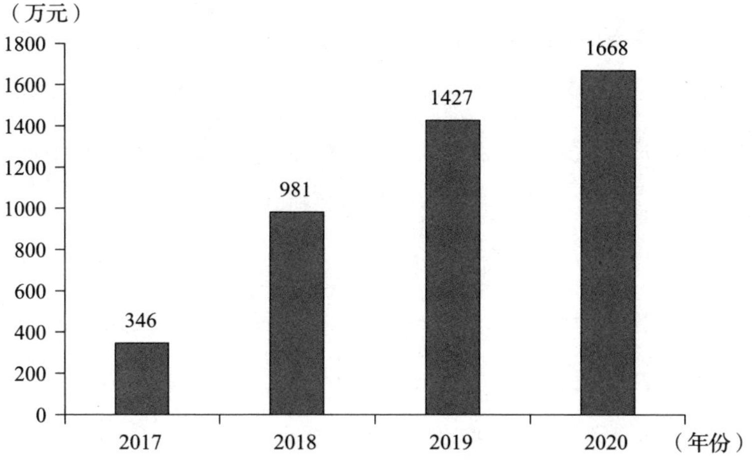

图 5-7　知本康业集团净利润情况

5.3.3 多肽产业投资成本较高，健康管理投资效益不明

知本康业集团一直致力于多肽产业的发展投资，无论是在蛋白多肽制备领域还是多肽产品生产，都投入了巨额的企业资金。知本康业集团为了建立自有的肽原料生产基地，实现肽原料供应自给自足，同时抢占和扩宽保健食品和美容美妆市场份额，就成立了南宁知本康业、肽护科技、肽之妃生物科技等五家子公司。知本康业集团在短短的数年内，就利用有限的集团资金资源建立了从原料提取到产品应用较全面的多肽产业体系。但是，为了顺应多肽行业的发展形势，知本康业集团在盈利能力不平稳和现金流并不宽裕的条件下开展了快节奏式多肽产业投资进程，这会对集团产生巨大的资金压力，甚至给集团带来财务风险。此外，多肽行业属于技术密集型和资金密集型的健康产业，知本康业集团想要建立高技术水平和竞争优势的多肽产品体系，必然在固定资产投资如提炼设备、研发队伍等方面投入巨额的资金，这将导致集团在多肽产业建设过程中付出较高的投资成本。一旦集团投资决策失误，高昂的投资建设成本无法在短时间内攫取一定的投资回报，必然将影响集团近年来的经营绩效，甚至在长期内不利于集团的产业布局和规划。从事实上看，近年来行业竞争恶化，不断增加的固定资产和人力资本的投资，已经给知本康业集团的财务绩效带来了不小的负面影响。

从经营范围上看，知本康业集团不仅在多肽行业进行实业投资，而且还涉足了健康管理服务和金融服务。在健康管理投资领域，知本康业集团成立了知本修源健康会所管理有限公司，申请了知本修源健康岛商标，用于开展健康咨询、医疗保健等健康管理服务。在顶层设计上，知本康业集团通过投资健康管理运营子公司，在提供的产品体验、医疗体

检、健康咨询等具体服务内容中加强集团肽产品的推介，宣传活性肽的医疗保健功效，有利于提高集团肽产品的知名度和影响力。然而，从近年来的发展结果来看，知本康业集团的利润来源和增长点主要出自多肽原料和多肽产品，特别是多肽保健食品和美容护肤品，而健康管理业务尚未贡献较大的业务收入和净利润，子公司修源健康会所仅仅维持不亏损状态，充分说明了当前集团健康管理投资效益并不明显，没有为提升集团经营绩效发挥有效的作用。此外，知本康业集团还成立了股权基金管理和投融资管理子公司，以此改善金融投资效率，但是由于近年来集团资金大部分用于加快多肽产业扩张进程，金融投资力度受到了极大的限制，因此子公司投资业绩对集团整体绩效的影响程度仍然较小。综上所述，近年来多肽产业投资成本较高，同时健康管理投资效益又不明朗，对知本康业集团短期财务绩效也产生了较大的消极效应。

5.3.4 集团化统筹布局不合理，资源整合效率较低

知本康业集团虽然采用了普遍的现代企业管理制度，建立了董事会、监事会、执行总监三者制衡式组织结构，但在具体的集团组织设计和统筹管理上，存在以下较明显的缺陷：第一，职能管理不到位，不利于集团化统筹布局。CEO 作为知本康业集团管理决策执行层的最高领导，通过领导财务、物流等职能部门，负责集团的运营规划和日常管理事务，但是 CEO 下设的职能部门不仅没有将审计部、售后部单独建立，职权体系建设存在较大的缺陷，容易出现集团职能管理不到位的现象，体现不了对公司财务制度建设和客户体验感的重视，而且缺乏战略规划和销售部门的整体调配，不利于集团统筹运营管理。第二，单一的直线型管

理模式，容易造成集团全局僵化。从集团内部统筹管理模式来看，大多采用自上而下直线型垂直管理模式，缺乏横向的或环式的管理沟通，不仅容易造成职能部门唯上是从，而且使职能部门之间、职能部门与子公司之间相互割裂，缺乏畅通地协同合作，最终影响集团整体战略规划和产业布局的执行。集团内部缺乏相应的柔性或非正式的组织部门，不利于打破集团全局僵化的管理体制，极大地削弱了知本康业集团化的统筹布局能力。综上所述，知本康业集团是集多肽研发、多肽生产、多肽销售为一体的综合性企业，集团化统筹布局不合理最终将负向影响研发、生产和销售绩效，不利于集团整体经营绩效的提升。

知本康业集团统筹布局不合理，集团经营管理的整体低效率，必然影响集团资源整合的能力，不利于提升集团资源整合效率和经营绩效。知本康业集团资源整合效率较低，主要表现在以下几个方面：第一，信息共享机制不畅通。从蛋白多肽原料的制备到肽产品生产的过程，集团要充分协调肽原料生产基地与其他子公司的生产进度，不仅要保证肽原料按质按量，及时地供给肽护科技等子公司，还要实现肽产品完成市场出清。然而，知本康业集团缺乏畅通的信息共享机制来提高集团内部的协同能力。信息不能充分共享或流通，限制了子公司之间的协作水平，也不利于集团内部的资源整合。第二，繁杂无核心的肽产品体系。肽产品品种繁杂，没有培育和突出核心产品，造成集团生产资源过于分散，旗下子公司容易各自为战，从而降低了集团资源整合效率，没有实现集团资源有效配置。综上所述，集团化统筹布局不合理，资源整合效率较低，不仅不利于提高年轻都市女性客户群的服务水平，而且阻碍了集团培育强大的核心竞争力，从而对集团经营绩效产生负向影响。

5.4 解决方案

经过知本康业集团的案例分析，针对存在的经营问题，结合剖析的问题成因，利用本次经营绩效的影响机理，本书提出了适合知本康业集团发展水平的、具有问题针对性的解决方案，以期为企业类似问题的解决提供良好的案例借鉴。

5.4.1 打造开放式多肽科研平台，加强多肽合成技术创新

科技创新决定了当前多肽健康产业的生产效率和发展前景。知本康业集团为了提炼高纯度、低成本和具有竞争优势的蛋白多肽，联合浙江大学、华东理工大学、广西大学等高校院所，建立知本肽类物质基础研究院和知本肽类物质应用研究院，通过自有的肽原料南宁生产基地，打造了集产学研为一体的多肽研发平台。然而，以知本肽类物质基础研究院和知本肽类物质应用研究院为核心的科研体系，仍然存在以下不足：第一，科研联系不紧密，协同创新水平较低。尽管集团当前的科研平台，依托三大高校，合作建设两大研究院，但是三大高校与集团多肽研究院的科研联系并不密切，特别是知本肽类物质应用研究院与浙江大学等研发团队距离过远，而且集团很少在浙江、上海等地进行产业投资，所以产学研为一体的协同创新实施起来对于集团具有较大的操作实践难度，协同创新长期处于较低水平。第二，多肽原料提炼技术有待于提高。目前，集团主要依靠生物蛋白提取和酶解技术提取动植物蛋白活性肽，这些技术具有成本较高、纯度较低等弊端，从而限制了集团多肽产业的经营发展。

打造开放式多肽科研平台，有助于打破科研的地域局限性，同时提升集团与高校的协同创新水平，丰富多肽科技创新成果，具体做法有：第一，加快浙江、上海等地的多肽生产或实验基地建设，加强集团与浙江大学、华东理工大学等高校的多肽科研联系，深化多肽产学研的一体化进程。第二，吸纳多肽生物工程的科研人才，开放研究院与广东本地高校的技术合作。通过科技创新激励机制，吸纳广东本地高校的多肽教授团队加入集团，开展多肽技术创新合作。第三，建立科技创新的信息共享平台，加强多肽科技信息在集团的内外部流动。

发展高水平的多肽合成技术，是多肽行业发展的必由之路。随着行业市场竞争程度的加剧和多肽行业的发展成熟，初级的多肽提取技术早已不能满足消费市场的需要，短肽链的功能性多肽也难以使多肽企业攫取超额的市场利润。因此，加强多肽合成技术创新，特别是长肽链的多肽合成，对知本康业集团改进多肽产品体系和打造核心竞争力具有重要的价值意义，具体做法有：第一，仿制已过专利保护期的长肽链多肽，积累合成技术经验。例如，通过仿制国外发明已久的奥曲肽、艾塞那肽、利拉鲁肽、特立帕肽等多肽原料，积累足够的多肽合成技术经验。第二，加强与国内外先进多肽实验室的技术交流与合作，提高研究院多肽合成技术水平。目前，国内国肽集团和西方欧美生物制药企业在多肽药品行业，积累了较丰富的多肽合成技术经验，知本康业集团可以积极与这些企业机构开展技术交流与合作。

5.4.2 倾力打造多肽明星产品，提升核心产品竞争力

知本康业集团目前拥有多个肽产品品牌。但是，多元化多肽产品体系也分散了集团技术资源，削弱了集团的竞争优势，导致知名品牌效应

一直处于较低的水平。因此，为了扩大集团多肽产品品牌影响力，知本康业集团有必要倾力打造多肽明星产品，具体做法有：第一，整合集团技术与资源，优先发展核心产品。知本康业集团推出的多肽产品主要面向年轻都市女性群体，其次是中老年和儿童群体。为了提高女性消费群体的产品满意度，集团应集中技术资源，优先发展美容护肤和女性保健等核心产品，通过核心产品影响力，向多肽市场打造集团品牌知名度，改变以往资源分数、竞争力不强的多肽产品格局。第二，完善市场销售渠道，提高明星产品的曝光度。集团应建立全方位线上和线下的产品销售网络，做到不把销售难题推给子公司，同时利用网络媒体和线下公益活动来提高明星产品的曝光度，提升良好的社会形象，有助于扩大多肽产品的影响力。第三，打造具有多肽特色的明星产品。对于主推的多肽明星产品，在生产、包装、营销等一系列过程中应尽量添加多肽特色元素，给广大的客户群留下深刻的印象。

想要倾力打造多肽明星产品，离不开多肽产品的重要支撑——市场竞争力。然而，当前知本康业集团多元化肽产品体系的市场竞争力不足，难以与国内多肽行业龙头企业相竞争，其原因主要有以下几个：第一，产品功效单一，且可信度有待提高。尽管知本康业集团开发推出了许多提升免疫力、调节新陈代谢、美颜抗衰老等多肽保健产品，但这些产品不仅存在功效单一、缺乏功效亮点等缺陷，而且宣传的产品功效作用需要提高其可信度，改变消费者难免心存质疑或观望的心态。第二，产品缺乏核心竞争力，市场同质模仿程度较高。知本康业集团目前主营固液肽保健食品、多肽美容护肤品，试图运用活性肽的保健功能，占得保健食品和美容行业的一席之地，然而受限于多肽提炼技术，集团部分多肽产品缺乏核心竞争力，没有强大的技术优势，导致市场同类竞争产品较多，从而不利于集团参与市场竞争。因此，在坚持明星产品战略的前提下，可以尝试以提高核心产品的竞争力为出发点，努力打造核心产品的市场卖点，大力提升核心产品的功效，提高核心产品的差异化和个性化品质，同时积极做好核心产品的市场宣传与品牌推介，有效地促进核心产品抢占高端市场消费的制高点，从而提升集团核心业务的销售收入。

5.4.3 优化肽健康产业投资，提高健康管理投资效率

近年来，知本康业集团通过连续的产业投资，努力打造肽健康产业生态圈，从上游的蛋白多肽原料萃取，到中游的多肽产品商业应用，再到下游的健康管理服务，形成良性循环的肽链产业圈。结合多肽产业发展现状分析，集团多肽健康产业链存在多肽合成技术水平较低、多肽产品缺乏核心竞争力、部分子公司效益不好等弊端，凸显了近年来集团肽健康产业投资存在不足之处，因此有必要立足于集团层面，优化整体肽健康产业投资，具体做法有：第一，整合企业原料和技术资源，优先加快核心产品生产线和营销网络的投资建设。针对子公司推出的多种肽产品难以形成市场竞争合力的现象，有必要优先利用集团资金加快核心产品生产线和营销渠道的投资建设，大力推进明星产品的培育进程。第二，限制开展与多肽产品推广无关的健康管理服务产业投资。在健康管理投资领域中，知本康业集团成立了知本修源健康会所管理有限公司、申请了知本修源健康岛商标，用于开展健康咨询、医疗保健等健康管理服务，还成立了股权投资基金管理公司。对于这些子公司开展的健康管理与健康投资服务，如果是与集团多肽产品业务相关性低的项目，要建立严格的审查制度进行限制开展；如果是长期亏损或扭亏无望的项目，要果断督查子公司整改，甚至进行关闭，并杜绝此类投资项目再次发生。

为了推广多肽产品的市场应用和扩大集团多肽产品的知名度，知本康业集团通过子公司知本修源健康会所管理有限公司，积极开展养生保健和健康休闲等健康管理服务。但是，作为高端的服务产业，无论是会所设施建设还是健康咨询师培训，集团都需要投入巨额的资金进行持续改善，但是目前健康管理投资回报仍然较低，因此有必要结合集团的产业布局规划，从以下几个方面改进健康管理投资：第一，加强个性化健康管理服务投资。应充分考虑客户群体的个体差异，通过投资提高子公司的健康管理服务水平，努力为客户提供高质量的个性化健康管理服务。第二，加强多肽产品与健康管理服务的业务联系，打造具有集团特色的多肽健康体验服务。应充分利用推出的多肽产品的保健功能，联合修源健康会所，向客户群体设计具有特色的多肽健康体验服务，同时加强多肽产品的宣传力度，使活性肽的保健作用深入客户内心。第三，提高健康管理咨询师的专业素养和工作积极性。健康管理公司服务人员良好的专业素养是决定服务水平的基础。集团在开展健康管理服务投资项目时，要注重对健康管理咨询师的人力资本投资，同时建立完善的激励机制，整体提高服务人员的工作积极性。综上所述，优化肽健康产业投资，尤其是注重提高健康管理投资效率，将有助于为集团提升经营绩效提供新的业绩增长点。

5.4.4 建立组织协调机制，加强集团统筹管理

知本康业集团参照现代企业管理制度，建立了董事会、监事会、执行总监三者制衡式组织结构。具体而言，以 CEO 为首的执行管理层只对董事长为核心的董事会负责，通过职能部门管理，加强对集团旗下多家子公司的经营指导。但是，集团制衡式组织结构，仍然存在组织冗

员、职能管理不到位以及管理模式僵化等缺陷。因此，建立完善的组织协调机制，有利于集团内部的统筹全局管理，有助于集团资源的有效整合，具体做法有：第一，撤销董事长直属的法律顾问部门，将部门人员整编入法律事务委员会。撤销职权管理重叠的部门，缩减集团的管理成本，防止集团出现组织冗员现象，提高集团组织的管理效率。第二，建立柔性或非正式的协调组织，增强组织结构的扁平化。知本康业集团为了提高资源整合效率，以及加强集团统筹布局，可以通过增加非正式或柔性的协调组织来加强子公司之间、子公司与职能部门之间的组织联系，有利于打破集团全局僵化的管理体制，而且也可极大地增强知本康业集团化的统筹布局能力。第三，增加审计、销售、战略规划等职能部门，提高集团对子公司的控制与协调能力。建立完善的组织协调机制，提高集团组织效率，有助于克服当前组织结构的弊端，增强知本康业集团的统筹管理能力。

知本康业集团面临企业资源分散、缺乏品牌效应等不利局面，集团应该加强内部统筹管理，集中集团的人力、物力和技术资源，开展多肽技术的攻坚克难，打造具有较大市场影响力的核心产品和明星品牌，具体做法有：第一，加强集团职能部门对子公司的指导与帮扶工作，切实促进职能部门与子公司协商合作，来解决现实经营难题。第二，建立子公司信息共享平台，加强子公司之间的信息交流，提高企业资源在子公司之间高效利用，促进子公司协同合作，共同发展集团多肽产业，培养子公司休戚相关的团体意识。第三，制定子公司共同参与的集团战略，设计关于集团战略执行的绩效考核系统。知本康业集团可以通过集团战略规划，把子公司的经营行为引导至集团战略目标的旗帜下，设计关于集团战略执行的绩效考核系统，来充分规范集团旗下子公司的运营管理。综上所述，通过建立组织协调机制、完善职能部门体系来加强集团的统筹管理，将有利于集中一切资源发展核心多肽产品；通过整合集团技术骨干，共同提高多肽合成技术水平，最终提升整体经营绩效。

5.5 本章小结

本章以知本康业集团为研究对象，结合技术创新、市场竞争强度、投资效率和经营绩效的影响机理，通过案例分析研究集团存在的经营问题，并提出解决问题的策略和方案。具体而言，第一，介绍了知本康业集团的概况及其核心竞争优势，对案例有一个系统的了解。第二，对集团面临的市场行业进行细致的环境分析，并从机遇、威胁、技术、需求分析四个方面剖析了集团的市场处境。第三，分析集团目前存在的经营问题，并选择财务绩效、成长性绩效、创新绩效和组织结构四个视角分析其存在的经营绩效问题。第四，进一步剖析集团经营问题背后的原因，即成因分析。研究发现，多肽合成技术创新水平较低、市场竞争强度较高、多肽投资成本较高以及集团资源整合效率不足，是导致集团目前经营规模较小且经营绩效增速放缓的主要原因。第五，针对知本康业集团存在的经营问题，提出了解决方案：①打造开放式多肽科研平台，加强多肽合成技术创新。②倾力打造多肽明星产品，提升核心产品竞争力。③优化肽健康产业投资，提高健康管理投资效率。④建立组织协调机制，加强集团统筹管理。

6 CHAPTER6

结论与建议

大健康不仅涵盖了个体的身体健康，而且延伸至与民众息息相关的心理健康、精神健康、环境生态、社会道德等问题，是指影响个人在多个方面良好状态的系统状况。大健康是一个整体的概念，涉及多个主体参与层次，由下至上包括个人、企业、产业部门、国家等。大健康战略实质上是建设健康中国的国家战略布局，从社会生活、生态环境、职业状态等全方位促进人民身心健康的战略规划，同时维护好个人、企业、国家和谐共进关系。大健康战略事关于促进人民健康和国家强盛的宏伟蓝图，贯彻“健康中国战略—健康中国行动—大健康产业”的发展路线，包含了以下三个方面的精神内涵：在个人层面上，倡导健康生活。大健康战略重点关注了人民健康生活的习惯方式和精神心态，并积极引导健康正确的方向，这将对建设健康中国产生直接影响和重要意义。在企业层面上，发展健康产业。健康产业是大健康战略实施的重要产业支撑。加大政府扶持，引导社会多方力量，发展防治和保健一体化健康产业。在国家层面上，提高健康保障。政府部门作为大健康战略的制定者和推行者，通过制度设计与提供公共卫生服务来提升城乡居民健康保障水平。

本书的研究范围主要是基于企业层面，集中探讨大健康战略驱动下健康产业链的发展变化，如医药企业的经营决策、经营绩效等。为了研究大健康战略下医药企业和健康管理服务企业的经营现状与管理策略，分析了技术创新、市场竞争强度和投资效率对企业经营绩效的影响机制，借助统计分析方法，完成了实证分析过程。因此，结合研究目的和假设检验统计原理，本书的整体研究过程如下：

首先，确定实证研究的基础条件：研究假设与研究样本。基于大健康战略的研究背景，本书选择医药企业和健康管理服务企业作为实证研究对象，由此确定问卷调研对象和样本数据收集的大致范围。通过大量的文献阅读，确定本书的研究假设，建立技术创新、市场竞争强度、投资效率与经营绩效的研究模型，再结合专家访谈内容，设计调查预问卷，最终利用预调查的信效度分析，调整完善调研问卷。

其次，构建数据分析模型。本书根据所研究问题的特点，选择构建多元回归方程模型来研究技术创新、市场竞争强度及投资效率对中国医药企业经营绩效的影响机理。在分析技术创新、市场竞争强度对中国医药企业绩效的直接影响机理的基础上，引入投资效率作为中介变量，探讨了大健康战略下不同医药企业投资效率在企业绩效过程中的中介作用。根据上述实证结果，结合数据所代表的变量含义和所反映的变量关系，着重对大健康战略下技术创新对企业绩效的影响结果进行了具体的、深入的分析，对于没有得到验证的假设也具体、详细地分析了导致结果不显著的原因，进而得出相应的研究结论和管理启示。

最后，结合上述的实证过程，总结了本书的主要结论、创新点，给出了本书结论的管理启示，而后指出了本书存在的不足和未来的研究方向。本书基于大健康战略的研究背景，研究技术创新、市场竞争强度对医药企业绩效的影响效应，实证过程总体上达到了研究目的。

6.1 研究结论

大健康战略的实施无疑为大健康产业注射了一针强心剂，引发了医药制造业和健康服务业的蓬勃发展，集中表现为2016年以来大健康产业市场规模的扩张迅猛。随着经济全球化和信息化的不断深入，创新驱动发展战略开始于企业管理层广泛运用，并在企业战略规划制定中占据独特位置。随着老龄化加剧，大健康产业逐渐成为21世纪新兴的朝阳产业，具有信息智能化、高科技化、服务链长等优势。毫无疑问，科技创新对医药企业经营绩效将产生不可替代的作用。然而，近年来医药制造业科技创新投入产出比存在一定的不确定性，科技创新发展现状也表现出了部分缺陷，因此，面临当前发展不成熟、水平不高的科技创新局面，过去数年间科技创新是否带来医药企业的经营绩效增长？科技创新对医药企业绩效的影响程度具体是多少？回答这些问题有助于深入发掘当前医药企业技术创新的不足与发展困境，从而促进大健康产业实质性全链腾飞。与此同时，本书结合激励理论，研究市场竞争强度与投资收益回报是否增强了科技创新对医药企业绩效的溢价效应。基于文献研究和实证分析，大健康战略驱动下医药企业经营绩效的研究结论如下：

第一，对医药企业经营绩效的前定变量开展了实证研究。构建了技术创新与企业绩效的影响关系研究模型，基于创新和利益相关者的理论视角建立了技术创新、市场竞争强度（自变量）—投资效率（中介变量）—经营绩效（因变量）之间的关系模型与作用路径。通过采取问卷调研法，来获取模型关键变量的微观数据，首先对数据进行统计处理，并且对各因素之间做了相关性的分析。其次对技术创新、创新投入、创新产出与、大健康创新环境与企业绩效的影响关系，市场竞争强度、行业竞争程度、企业竞争自由、市场竞争导向与经营绩效的影响关系，投资效率、实业投资、金融投资、人力资本投资与企业绩效的影响关系进行了实证检验，同时验证了投资效率在技术创新、市场竞争强度与经营绩效关系之间的中介作用，揭示了医药企业创新效率和投资效率的提升路径。

第二，大健康企业技术创新对经营绩效存在显著的正向影响。经过层次回归分析检验，技术创新产出、大健康创新环境与经营绩效呈现显著的正相关性，而技术创新投入由于不利于短期的财务绩效，对经营绩效存在显著的负向影响。从动态过程来看，技术创新对企业绩效的影响可能是非线性的，特别是在短期内，技术创新需要投入大量的企业资源，包括研发资金和科研人员等，这对企业当期的财务承受力要求较高。但从长期来看，随着技术创新成果的市场转化和商业应用，技术创新有助于医药企业抢占新产品的市场制高点和打造企业的竞争优势，从而促进企业长期绩效的提升，因此医药企业强化技术创新，在企业长远规划上仍然是正确的选择。

第三，大健康行业市场竞争强度对医药企业经营绩效存在显著的激励效应。经过多元回归分析检验，企业竞争自由度、市场竞争导向与经营绩效呈现显著的正相关性，即医药企业所在区域的市场化程度，有助于企业经营绩效的改善，而行业竞争强度由于不利于行业平均利润的提升与维持，对经营绩效存在显著的负向影响。从本书的实证结果来看，目前中国医药和健康服务行业整体处于行业成长期，市场竞争强度主要发挥和体现了市场机制的激励作用。大健康战略驱动下广大医药企业依据市场竞争导向，优化企业资源的配置效率，努力提升自身企业绩效。换而言之，市场竞争强度在行业成熟衰退期表现的副作用在目前医药行业中依然较小。

第四，大健康企业投资效率对经营绩效存在显著的促进作用。经过多元回归分析检验，实业投资、金融投资与经营绩效呈现显著的正相关性，即医药企业近年来通过实业投资和金融投资活动有效地促进了企业经营绩效的改善，而人力资本投资由于投资回报期较长或投资结构不合理，目前对经营绩效尚未表现出显著的促进效应。尽管大健康战略驱动下医药企业未来投资前景和效益令人十分期待，但是由于医药行业投入高、回报周期长等特性，医药企业的投资决策活动仍然需要谨慎对待，应做好投资环境客观分析和精确预估投资项目的效益，事后完善投资活动的管理规划，从而实现企业投资净收益持续增长。

第五，大健康企业投资效率在技术创新、市场竞争强度与经营绩效关系中起到部分中介效应。经过多元回归分析检验，投资效率对企业绩效的影响系数为 0.539，技术创新对企业绩效的影响系数由 0.606 下降为 0.411，且对应的 P 值在 0.01 的显著性水平下均通过了检验，表明投资效率在技术创新与经营绩效关系中发挥了部分中介作用。同理，第二次中介效应检验证明投资效率在市场竞争强度与经营绩效关系中也产生了部分中介效应。实证结果表明，生物制药企业在技术创新领域的投资项目的营业收入能够带来良好的投资效率，而投资收益净值又能够增加当期医药企业的营业收入，甚至通过乘数效应能促使企业绩效的大幅提升，同时企业收入的增加又反作用于投资活动的延续性和扩张性，推动投资效率高涨，如此稳健地形成“技术创新—投资效率—企业绩效—投资效率”的良性内循环。

第六，通过大健康产业数据分析，我国医药制造业技术创新发展现状仍存在以下问题：①偏重医药研发项目的经费投入，而忽视了健全企业科研人员体系建设。②中成药研发力度不足，产品研发大多停留于低附加值的中药饮片。相对于更严谨的临床试验，医药企业应花费更多的研发成本于化学药品。③医药制造业科技创新体系尚未完全成熟，整体技术创新水平有待提升。此外，实证分析过程也表明，技术创新投入对企业短期财务绩效也产生了负面效应，对技术创新稳定性带来一定的挑战。因此，医药企业管理层有必要探索一条关于技术创新与医药企业经营绩效的可实践路径，进一步推动大健康产业的大繁荣大发展。

6.2 研究不足

根据所提出的研究假设，设计和完善了医药企业技术创新、市场竞争强度和投资效率变量的测度量表，采用相关分析、多元回归和层次回归对数据进行实证分析，验证研究模型中相关联的所有研究假设。实证结果显示，技术创新对医药企业经营绩效呈显著的正相关性，即假设 H1 得到了验证。市场竞争强度对医药企业经营绩效存在正向影响，即假设 H2 得到了验证。投资效率在技术创新与医药企业经营绩效中发挥了中介作用，假设 H4 得到了验证。投资效率在市场竞争强度与医药企业经营绩效中产生了部分中介效应。此外，技术创新投入和人力资本投资对企业财务绩效可能带来短期的负向效应，值得企业管理层关注如何深入优化投资决策。然而结合本书的研究思路、研究过程与研究结论，本书仍然存在以下研究不足之处：

第一，本书主要以医药企业为研究对象，得出的研究结论对于行业适用范围存在一定的局限性，同时案例分析对象知本康业集团更是属于多肽健康产业，多肽行业是近年来新兴的生物医药行业，尤其具有行业的特殊性，因此本书结论的适用性有待进一步提高，关于技术创新、市场竞争强度、投资效率与经营绩效的实证结论有待进一步扩大实验样本进行验证。

第二，促进经营绩效提升是个复杂的系统，本书经营绩效的影响因素选择了技术创新、市场竞争强度、投资效率作为核心解释变量，没有考虑其他难以测量的变量，也没有将行业的外部经济环境因素加入研究模型中，虽然本书设计有助于加强实证模型的稳定性，但是影响因素的选择并不是十分全面，因此，本书的实证研究过程存在指标选取不充分的现象。

6.3 建议

为了促使中国医药企业在大健康战略背景下把握发展机遇，克服行业挑战，推动医药企业经营绩效的大飞跃，本书结合实证分析的研究结论，借鉴案例分析的研究成果，对中国医药企业提出了以下建议。

6.3.1 树立科技创新企业战略导向

实证研究结果表明，大健康战略驱动下医药企业技术创新对经营绩效存在显著的促进效应，其中技术创新产出、大健康创新环境与经营绩效呈显著的正相关性，而技术创新投入由于不利于短期的财务绩效，对经营绩效存在显著的负向影响。从动态过程来看，技术创新对企业绩效的影响可能是非线性的，特别是在短期内，技术创新需要投入大量的企业资源，包括研发资金和科研人员等，这对当期企业财务承受力的要求较高。但从长期来看，随着技术创新成果的市场转化和商业应用，技术创新有助于医药企业抢占新产品的市场制高点和打造企业的竞争优势，从而促进企业长期绩效的提升，因此医药企业强化技术创新，在企业长远规划上是正确的选择。在日常经营管理活动中，企业管理层可以从以下几个方面，在企业内部树立科技创新战略导向：

第一，确立科技创新的核心战略地位。在企业经营战略规划中，往往会设计一个核心战略和辅助战略。其中，核心战略决定了企业经营发展的方向以及企业资源配置方向，辅助战略是对核心战略的补充，有助于核心战略的实施与战略目标的实现。大健康战略驱动下医药行业面临市场竞争强度的激化以及生物制药技术的日新月异。医药企业为了抢占医药市场份额，药效好和价格实惠的药品必然成为企业产品体系的创新方向，也容易受到患者的青睐，而药效好和低成本的竞争优势都离不开企业生物制药技术的进步，离不开医药企业的科技创新，因此企业管理层不仅需要制订科技创新的战略计划，而且还要明确科技创新的核心战略地位，把科技创新的发展理念深入每一位管理人员的心中，用科技创新的战略指导每一位员工的实践工作。

第二，建立科技创新的长效机制。树立科技创新战略导向，需要从工作上、制度上贯彻落实，使科技创新发展战略指导企业每一项经营活动。同时，为了科技创新发展战略的持续性，避免企业战略计划不愿延续执行，企业管理层有必要建立科技创新的长效机制，使科技创新能够促进企业长期绩效，从根本制度上保证科技创新战略导向的长期不动摇。建立科技创新的长效机制，具体制度设计有两大主要方向：一方面要加强科技创新的激励效应。通过薪酬激励、股权激励、企业福利等激励方式，提高企业科研人员的技术创新动力。根据需求层次理论，企业管理层应尊重每一位员工的劳动付出，满足其自我实现需求，激发企业员工的创新活力，提升企业技术创新能力。另一方面要树立企业协同创新意识。构建企业创新合作网络系统，加强企业协同创新能力，特别是联合利益相关者的外部机构或企业开展协同研发，有助于降低企业技术创新成本，提升技术创新效率，从而促进企业绩效改善。

6.3.2 积极培育企业创新文化

本书检验了技术创新投入、技术创新产出和大健康创新环境对经营绩效的影响，其中利用企业对技术创新的态度，测量了大健康创新环境。实证结果表明，大健康创新环境与医药企业经营绩效呈显著的正向影响。由于医药行业本身具有高投入、高风险、高收益的特性，在大健康战略的催化下医药行业技术创新的研发投入加大，企业技术创新的意识也逐渐增强。根据实证结论中大健康创新环境与企业绩效的正相关，为了增强大健康创新环境对企业绩效的推动作用，企业管理层有必要积极培育企业创新文化，通过制度设计或经营活动打造良好的创新氛围。为培育企业创新文化氛围，使创新精神得到每一位员工的认同，深刻融入组织文化之中，应重点做到以下两个方面：

第一，建设学习型组织。随着知识经济的到来，企业管理层越来越重视知识的学习和人才的培养，形成一个新的共识：努力建设学习型组织。学习型组织是指一种具备自主学习和持续性学习能力的柔性、扁平化组织架构，通过不断的组织学习行为，创造技术创新坚实的组织基础。建设学习型组织，有助于营造良好的组织学习氛围，促进员工的知识共享，培养组织成员的逻辑思维能力，使企业员工具备良好的创新思维，从而提升医药企业技术创新绩效。因此，建设学习型组织，塑造企业良好的组织创新文化和创新氛围，使企业创新精神感染和引导每一位员工的技术创新行为，提升企业整体技术创新能力。

第二，打造创新型领导的示范效应。通常而言，领导行为或意志能够对企业员工产生深刻的影响，引导员工行为符合领导或企业组织的期望状态。创新型领导体现了企业领导者的创新思维和能力，也反映了企业领导者较强的创新意愿。在企业经营管理活动中，创新型领导表现的创新行为或意志，能够潜移默化地影响员工的创新意愿，激发员工的创新积极性。打造创新型领导的示范效应，宣传企业领导的创新行为或意志，有利于宣扬企业文化的创新精神和创新管理理念。通过领导创新行为和企业创新文化持续长久的潜在影响，创新精神将深深植入组织成员的心中，使企业员工深刻注重提高技术创新能力，从而促进医药企业经营绩效的提升。

6.3.3 加强企业投资与技术创新的配合与协同

实证研究结果表明，大健康战略驱动下投资效率对企业经营绩效存在显著的正向影响，其中实业投资、金融投资与经营绩效呈现显著的正相关性，即医药企业近年来通过实业投资和金融投资活动，可有效地促进企业经营绩效的改善，而人力资本投资可能由于投资回报期较长或投资结构不合理，目前对经营绩效尚未表现出显著的积极效应。从企业实践活动来看，技术创新和投资活动都需要企业资金和资源投入。其中，本书的投资效率变量测量包含了实业投资部分。技术创新和企业投资活动之间关系存在复杂性：一方面，技术创新与企业投资会相互冲突，存在资源挤占效应。企业如果注重金融投资效率，就很可能忽视技术创新投入；反之，亦然。另一方面，生物制药企业在技术创新领域的投资项目能够带来良好的投资效率，而投资收益净值又能够增加当期医药企业的营业收入，甚至通过乘数效应促使企业绩效的大幅提升，同时企业收入增加又反作用于投资活动的延续性和扩张性，推动投资效率高涨，如此稳健地形成“技术创新—投资效率—企业绩效—投资效率”的良性内循环。因此，技术创新与企业投资之间联系是十分紧密的，加强企业投资与技术创新的配合与协同，有利于共同提升技术创新与企业投资的效率。促进企业投资与技术创新的配合与协同能力，具体可以从以下方面开展：

第一，引导企业资本进入技术创新领域。在大健康战略驱动下，医药市场竞争强度增加，医药企业兼并重组速度加快。面临激烈的市场竞争环境，部分医药企业加快产业投资战略布局，扩大企业生产规模，甚至利用企业利润，防止企业资金沉淀，加快金融投资进程。最终，医药企业通过这些投资活动，使企业资本深化程度提高，而忽视了技术领域的投入，难以带来企业生产技术的实质性进步。因此，为了减轻技术创新与企业投资之间资源挤占效应，医药企业在大健康战略驱动下应合理调控资本深化区域，积极引导企业资本进入技术密集型产品和技术创新领域，为企业长期发展增添创新活力。

第二，建立资本与技术企业协调机制。为了加强企业投资与技术创新的配合与协同，企业管理层需要努力建立资本与技术企业协调机制。医药企业过于依赖兼并重组的实业投资方式，来提升生产技术效率，这是不可持续的。资本运作和金融投资等活动尽管可以在短时间内增加企业的创新活力，促进企业经营绩效的提升，但是在长期内这种方式并不可持续。在长期内只有技术创新可作为提升医药企业核心竞争力的源泉和动力。建立资本与技术企业协调机制，首先在企业经营决策中，组建投资和技术部门联合决策小组，使经营决策更具科学性。其次，设立技术创新成果的奖励机制，如技术创新可提升部门考核绩效，来引导企业投资部门加强与技术部门的密切合作，从而推动资本与技术的企业协调发展。

6.3.4 优化企业人力资本投资

一般而言，人力资本是指组织中的具有生产力的人力资源所具有的经验、技能、知识、个性、人际关系等各种因素的总和。通常，按照投资形成的方式，人力资本可以分为教育资本、技能知识资本、健康资本以及流动迁移资本；按照角色，人力资本可以划分为一般型人力资本、技能型人力资本和管理型人力资本。人力资本是企业不可或缺的生产要素，是企业价值创造的源泉。人力资本具有稀缺性、特殊性、专有性以及组织性等特征，在市场化和科技化不断提升趋势下，企业的竞争优势越来越倚重人力资本。人力资本已经转变为高度组织化的资源，贯穿于现代企业的管理模式、组织框架以及战略规划当中。在大健康背景下，医药企业要进一步提升经营绩效，就必须对自身的人力资本进行优化。优化人力资本，一方面也有利于企业从外部吸纳更多优秀人才，提高企业人力资本存量；另一方面也有利于通过内部整合等方式提升员工素质，优化整个企业的人力资本质量结构，带来企业经营绩效的跃升。

第一，企业应当明确部门职能。内部部门的协调合作是企业提升经营绩效的首要前提。因此，要明确各个部门的职能关系，给予明确和详细的职能划分，使各个部门形成良好的协调合作关系，从而助力人力资本的优化。如对于财务部、研发部、投融资等部门要进行职能界定，并指出相应的相关事务事项。在部门内部，仍需进一步划分职能层次和行为责任，并且做到结合企业发展战略和发展阶段进行动态调整。

第二，要加大人力资本的投资优化力度。在不同的发展阶段，企业面对的需求和风险偏好是不同的。优化人力资本需要参考企业总体的人力资本投资策略以及相关的人力资本投资规划来进行，不能脱离企业经营绩效的要求。通常做法是设置总体人力资源相关指标的同时设置二级相关指标来进行优化。总量投资指标一般有招聘、培训、薪酬以及激励，二级相关指标则可以设置为人均标量，企业要根据以往年度变化和经营要求进行范围制定和比例优化。

第三，企业要优化人力资本的配套体系。不但要加强对于企业核心雇员的离职风险控制，而且还要完善激励机制。通过合同约束等方式建立内部约束机制，同时，医药企业属于技术型企业，对高管、核心研发人员、财务人员可以通过保密协议等对其进行限制，以避免技术的外泄风险。通过股权激励、福利激励和晋升激励等把企业绩效和个人绩效挂钩，以提升员工的忠诚度，激发员工的创造性，从而推动企业核心竞争力形成。

6.3.5 数字赋能提升健康服务竞争力

实证研究结果表明，大健康战略驱动下医药行业市场竞争程度对企业经营绩效存在显著的正向影响，其中企业竞争自由度、市场竞争导向与经营绩效呈显著的正相关性，即医药企业所在区域的市场化程度有助于企业绩效的改善，而行业竞争强度由于不利于行业平均利润的提升与维持，对经营绩效存在显著的负向影响。目前，中国医药和健康服务行业整体处于行业成长期，市场竞争强度主要发挥和体现了市场机制的激励作用。基于激励理论，市场竞争强度能够激励医药企业革新生产技术，提升生产效率，培育核心竞争力，从而推动医药企业经营绩效的提升。为了增强健康管理企业的市场竞争力，提高医药企业的管理效率，有必要加强医药和健康服务企业的数字化建设，提升企业的数字赋能，创新管理企业的健康服务体系，提升健康服务质量，从而促进健康服务企业绩效的提升。强化医药和健康服务企业数字赋能，具体可以从以下方面开展：

第一，打造数字健康管理模式。随着人工智能技术的发展，健康管理服务模式凸显多元化，健康管理服务的可及性也进一步提高。其中，打造数字健康管理模式成为当今大健康战略驱动下健康管理服务行业的发展方向之一。具体而言，首先对客户健康信息进行数字化管理，能够及时、迅速地了解客户的健康信息，同时做好客户健康信息长时间的追踪更新，注意客户健康信息的动态变化。其次利用大数据分析，全面掌握客户的健康管理需求，为客户量身制订科学的健康管理计划。最后，利用信息化科技创新并优化公司的健康服务产品体系，提高健康服务的质量水平，有助于迅速获得客户的信赖，维持稳定的公司客户关系，最终提升健康服务企业的市场竞争力。2020 年新冠肺炎疫情的爆发，充分显示了居民健康信息的数字化动态管理的必要性和优越性，不仅有利于医疗机构及时提供准确的医疗服务，还有利于维护公共健康安全。

第二，建设“互联网 + 医药”智慧化服务平台。随着信息技术的发展，特别是区块链和云计算等高科技的运用，医药和健康服务行业面临新的挑战与机遇。“互联网 + 医药”的服务模式提供了数字化的服务方案和智慧工具，如在线问诊、线上购药等。地方医疗机构借助网络信息工具，也提高了诊疗效率和扩大了医疗辐射范围。在实践应用中，京东大药房和阿里健康已经形成了较成熟的“互联网 + 医疗”服务模式。建设“互联网 + 医药”智慧化服务平台，关键在于智慧化。全面了解客户的健康需求后，如何提供科学的医疗服务方案以及高效率的医疗服务过程，是建设“互联网 + 医药”智慧化服务平台的重点。而解决这些问题的关键，在于平台的信息化建设和整合医疗健康服务的核心资源，如卫生技术人才和药品器械等。

6.3.6　强化市场竞争导向，提升企业内部合作效率

部分医药企业是国有企业性质，还受到政府政策的影响，因此企业存在一定的行政色彩，这不利于企业资源的合理分配以及企业内部之间或者企业与合作者之间的协同合作，在一定程度上会降低企业的活力，从而影响企业科技创新效率，不利于良好商业模式创新的形成。医药企业应该加强市场竞争导向，制定合理且全面的考核、激励及奖惩措施。明确各个部门的职责和权力，明晰部门的职能定位，明确员工个人的工作内容，在出现对应问题之后，可以找到相关的负责人，并且能够及时对事情进行处理，另外企业要根据自身的实际情况，制定出一套完整的考核激励方案，对于企业来说，实现企业的长远可持续发展是首先需要考虑的问题，对人才的激励和奖惩是调动员工积极性并对员工行为进行合理束缚的一种有效方式，一方面有利于提高员工的工作效率，另一方面也可以促进企业内部整体合作效率提升，逐步完善企业内部的人事管理、财务管理以及业务发展管理，提高资源利用效率，加强协同合作，激发企业的科研创新活力。

6.4　本章小结

本章主要总结了本书的研究结论，并指出了不足之处。此外，结合实证分析与案例分析的研究成果，为促进医药行业更好地利用大健康战

略，提升经营绩效，提出了相关性建议。本书基于大健康产业数据和问卷调研数据，设计了较严谨的实证过程，总结了当前中国大健康产业链的发展现状，揭示了大健康战略驱动技术创新、市场竞争强度对医药企业经营绩效的影响机理，以及论证了投资效率在研究模型中产生的中介效应。本书的研究结果表明，大健康战略驱动下技术创新、市场竞争强度对企业绩效都有积极作用，同时投资效率还起到中介作用。据此提出了以下建议：第一，树立科技创新企业战略导向；第二，积极培育企业创新文化；第三，加强企业投资与技术创新的配合与协同；第四，优化企业人力资本投资；第五，数字赋能提升健康服务竞争力；第六，强化市场竞争导向，提升企业内部合作效率。

参考文献

［1］曹娇. 技术创新对企业绩效影响的实证研究——基于制度环境的视角［D］. 成都：西华大学，2019.

［2］曹晓昱，王满，于浩洋. 商业模式、市场竞争程度与管理会计工具应用水平［J］. 经济经纬，2020，37（6）：106-117.

［3］曹玉珊，潘孟，冉彬双. 管理层权力、市场竞争程度与企业可持续增长——基于国有上市企业的经验研究［J］. 会计之友，2018（1）：84-89.

［4］常菊. 专利质量对企业绩效的影响研究——技术创新类型的调节作用［D］. 成都：电子科技大学，2020.

［5］陈峰. 竞争情报推动产业创新发展的案例分析［J］. 情报杂志，2020（8）：1-5.

［6］陈杰. 中国电视产业的市场竞争与组织同形研究——基于产业组织理论与生态位理论双重视角的考察［J］. 今传媒，2019，27（3）：86-90.

［7］陈晶璞，胡波. 融资约束、异质性研发投资与企业绩效［J］. 财会通讯，2020（14）：69-72，87.

［8］陈静怡，张保留，罗宏，等. 研发投入对我国上市环保企业绩效的影响分析［J］. 环境工程技术学报，2021（2）：393-400.

［9］陈能敏，张学成. 风险投资、会计信息质量与企业绩效［J］. 现代商业，

2020（32）：99-102.

［10］陈琪，彭玉雪. 环境执法监督与企业环保投资——基于环保约谈的准自然实验［J］. 会计之友，2021（3）：56-63.

［11］陈文俊. 战略性新兴产业政策真的促进了创新绩效吗？——来自生物医药上市公司的准自然实验［J］. 科研管理，2020（1）：22-34.

［12］陈晓丽. 组织冗余、技术创新与企业绩效［J］. 财会通讯，2021（2）：86-90.

［13］陈琰，宋正刚，邢博文. 风险投资逆向选择、市场化程度与创业企业绩效［J］. 未来与发展，2020，44（8）：40-48，12.

［14］淳正杰. 研发投入与企业绩效的关系研究——来自四川省上市高新技术企业的经验证据［J］. 科技创新与应用，2014（33）：4-6.

［15］戴志敏，顾丽原，诸竹君. 研发投入对企业绩效的影响研究——基于企业金融化水平门限回归［J］. 管理工程学报，2021（2）：1-8.

［16］单蒙蒙，林玉婷，程芳利. 企业社会责任与财务绩效的非线性关系研究［J］. 会计之友，2019（11）：45-51.

［17］邓晨卉，潘杰. 医院市场竞争与不同严重程度疾病医疗费用关系的比较研究——基于行手术治疗的腰椎间盘突出和老年性白内障住院病例的实证分析［J］. 现代预防医学，2019，46（23）：4293-4297.

［18］邓勇. 公立医院与社会资本 PPP 运营中的投资回报机制研究［J］. 中国医院，2017，21（5）：15-19.

［19］杜闪，王站杰. 企业社会责任披露、投资效率和企业创新［J］. 贵州财经大学学报，2021（1）：52-62.

［20］段军山，庄旭东. 金融投资行为与企业技术创新——动机分析与经验证据［J］. 中国工业经济，2021（1）：155-173.

［21］封伟毅. 开放经济条件下技术进步影响因素研究——基于内外部要素作用的视角［J］. 当代经济研究，2018（9）：73-79.

［22］ 冯贺霞，王小林．基于六次产业理论的农村产业融合发展机制研究——对新型经营主体的微观数据和案例分析［J］．农业经济问题，2020（9）：64-76.

［23］ 冯江涛，周晓晓．农民合作基金投资效率相关问题研究［J］．会计师，2020（21）：7-8.

［24］ 冯婧．创新投入对中国高新技术企业绩效的影响研究——基于融资结构的调节效应［D］．兰州：西北师范大学，2020.

［25］ 冯茜朝．S国有企业人力资本投资优化策略研究［D］．石家庄：河北经贸大学，2020.

［26］ 付丙海，谢富纪，韩雨卿，等．动态能力一定会带来创新绩效［J］．科学学与科学技术管理，2016（12）：41-52

［27］ 葛宝山，董保宝．动态环境下创业管理才能对新创企业资源获取的影响研究［J］．研究与发展管理，2019（4）：20-27.

［28］ 龚文．市场竞争、高管激励与公司绩效［D］．武汉：湖北大学，2018.

［29］ 顾欣，赵桂香．医药企业轻资产运营模式绩效评价——以H医药为例［J］．价值工程，2020（5）：31-32.

［30］ 郭东阳．行业市场化程度、员工持股计划与国有企业混改绩效［J］．财会通讯，2020（22）：87-89.

［31］ 郭炬，叶阿忠，陈泓．是财政补贴还是税收优惠？——政府政策对技术创新的影响［J］．科技管理研究，2015，35（17）：25-31，46.

［32］ 郭晓川，刘虹，张晓英．双元创新选择、市场竞争强度与商业模式迭代——基于高新技术制造企业的实证研究［J］．软科学，2021，35（10）：9-14.

［33］ 郭智勇，刘春红，刘庆生，等．农业生态系统保育——有机农业模式成效案例分析［J］．农业科学，2020，10（12）：1102-1108.

［34］ 果佳，王海玥．社会投资回报：一种社会影响力评估的工具［J］．中国行政管理，2016（6）：71-75.

[35] 韩飞飞. 图书出版超媒体叙事模式及其对经营绩效的影响研究 [D]. 合肥: 中国科学技术大学，2018.

[36] 韩国高，张倩. 政府补贴、制度环境与企业研发投资——基于面板门槛模型的实证检验 [J]. 投资研究，2017，36 (10): 19-33.

[37] 韩海强. “一带一路” 背景下大健康产业海外并购动机与目标选择 [D]. 济南: 山东大学，2020.

[38] 韩晶，孙雅雯，陈曦. “一带一路” 倡议与中国企业经营绩效——基于不同类型产业政策效果的分析 [J]. 国际商务 (对外经济贸易大学学报)，2020 (6): 31-45.

[39] 韩敏. 上市公司资本成本和投资回报率测算研究 [D]. 济南: 山东财经大学，2016.

[40] 何明钦，王张禹，王正贤，等. 研发投入、技术获取方式和企业绩效——基于高新技术企业的实证研究 [J]. 技术与创新管理，2019，40 (1): 108-115.

[41] 何小洲，熊娟. 市场导向、创造力与新产品开发绩效关系研究 [J]. 软科学，2018，26 (5): 20-26.

[42] 何宜庆，李娜，颜明杰，等. 研发投入对制造业上市公司财务绩效的影响分析——基于价值创造的视角 [J]. 南昌大学学报 (人文社会科学版)，2017，48 (6): 64-71.

[43] 洪俊杰，石丽静. 自主研发、地区制度差异与企业创新绩效——来自 371 家创新型企业的经验证据 [J]. 科学学研究，2017，35 (2): 310-320.

[44] 胡凯，吴清. 税收激励、制度环境与企业研发支出 [J]. 财贸经济，2018，39 (1): 38-53.

[45] 胡望斌，张玉利. 新企业创业导向转化为绩效的新企业能力: 理论模型与中国实证研究 [J]. 南开管理评论，2020 (1): 83-95.

［46］ 户艳辉，周明慧. 研发投入结构对工业全要素生产率影响研究 – 基于河北省的实证分析［J］. 生产力研究，2019，320（3）：68-75.

［47］ 黄佳琳，秦凤鸣. 银行业竞争、市场化利率定价与利率传导效率［J］. 经济评论，2020（1）：112-130.

［48］ 黄群慧. 中国产业结构演进的动力与要素［J］. 中国经济报告，2018（12）：63-66.

［49］ 黄晓玉. 论制造业企业金融资产投资的影响［J］. 时代经贸，2020（29）：50-51.

［50］ 黄正方. 产品市场竞争、高管权力与公司并购绩效［J］. 佳木斯职业学院学报，2019（1）：274-275.

［51］ 霍晓萍，林红英，孟雅楠，等. 不同市场竞争环境下国有资本与企业绩效关系研究［J］. 武汉金融，2021（1）：75-81.

［52］ 贾慧英，王宗军，曹祖毅. 组织研发投入跳跃对组织绩效的影响：市场化程度的调节效应［J］. 中国科技论坛，2018（10）：73-81.

［53］ 江三良，张晨. 企业家精神、产业政策与企业绩效——来自沪深 A 股制造业上市公司的证据［J］. 南京审计大学学报，2020，17（4）：40-49.

［54］ 蒋波，基于市场需求的商业银行创新机制研究［J］. 武汉金融，2019（4）：68-70.

［55］ 蒋卫平，刘黛蒂. 研发投入、冗余资源与企业绩效的关系研究［J］. 财经理论与实践，2016，37（5）：57-62.

［56］ 亢秀秋. 动态能力视角下企业双元创新形成机制研究［D］. 长春：吉林大学，2019.

［57］ 赖丹，伍志婷. 新材料上市公司 R&D 投入对企业财务绩效影响的实证研究［J］. 江西理工大学学报，2016（2）：46-51.

［58］ 冷军. 创业板上市公司技术创新与绩效的相关性研究——基于全要素生产率的实证研究［J］. 科技与经济，2015，28（5）：31-35.

[59] 黎文靖，郑曼妮. 实质性创新还是策略性创新？宏观产业政策对微观企业创新的影响 [J]. 经济研究，2016（4）：60-73.

[60] 李冲，钟昌标，徐旭，等. 基于 SGMM 模型的融资结构与公司创新关系：理论分析与实证检验 [J]. 科技管理研究，2016，36（15）：25-31.

[61] 李国玉. 企业社会责任、僵尸企业与非效率投资行为研究 [J]. 中国商论，2021（2）：132-135.

[62] 李浩璞. 商业信用，渠道维护对医药制造企业绩效的影响实证研究 [J]. 现代商业，2020，555（2）：56-58.

[63] 李红，张妙甜. 中国 ICT 企业应对 NPE 专利风险策略研究——基于事件系统理论的案例分析 [J]. 科技进步与对策，2020，493（9）：129-136.

[64] 李慧，唐晓莹. 利益相关者导向与企业绩效关系分析：绿色创新的中介效应 [J]. 科技进步与对策，2017，34（9）：6-12.

[65] 李佳琪. 融资约束，企业金融化与实业投资效应 [J]. 纳税，2019，250（34）：179-180.

[66] 李健. 生物医药企业项目投资分析及案例研究 [D]. 成都：西南交通大学，2017.

[67] 李健英，高燕. R&D 投入与企业经营绩效的关系——基于京津冀地区上市公司的数据分析 [J]. 科技与经济，2015（5）：71-75.

[68] 李晋，沈江，傅利平. 政府补贴对企业融投资意愿和收益的影响研究 [J]. 科研管理，2020，41（12）：184-194.

[69] 李梦雅，严太华. 风险投资、技术创新与企业绩效：影响机制及其实证检验 [J]. 科研管理，2020，41（7）：70-78.

[70] 李明辉，黄叶苨，刘莉亚. 市场竞争、银行市场势力与流动性创造效率——来自中国银行业的证据 [J]. 财经研究，2018，44（2）：103-114.

[71] 李楠. 商业银行创业导向、动态能力与绩效关系研究 [D]. 长春：吉林大学，

2019.

[72] 李青青，聂志萍. 产品市场竞争、内部控制与融资租赁［J］. 湖北农业科学，2019，58（9）：154-159.

[73] 李青原，黄威，王红建. 最终控制人投资组合集中度、股票投资回报与对冲策略［J］. 金融研究，2017（8）：145-160.

[74] 李绍亭，周玉玺. 研发投入与企业绩效：基于内生性视角的行业异质性研究［J］. 科技与经济，2019，32（4）：1-5.

[75] 李寿喜，张欣蕾. 高管医药背景，药医关系与企业绩效［J］. 财会通讯，2020，841（5）：63-66.

[76] 李顺彬. 产品市场竞争、竞争地位与企业金融资产配置［J］. 经济体制改革，2020（1）：119-127.

[77] 李香菊，贺娜. 税收激励有利于企业技术创新吗？［J］. 经济科学，2019（1）：18-30.

[78] 李新. 市场竞争、盈余压力与创新投入［J］. 山东青年政治学院学报，2018，34（2）：99-105.

[79] 李艳艳，王坤. 企业行为约束下技术创新所得税激励政策效应研究［J］. 科技进步与对策，2016，33（4）：102-105.

[80] 李尧坤. 女性消费者比例对市场竞争程度的影响分析［J］. 纳税，2019，13（8）：217.

[81] 李玉鼎. 国有房地产企业绩效考核及成本管控——基于ABC置业集团的案例分析［J］. 经营者，2020，34（7）：225，261.

[82] 李原. “一带一路”跨境基础设施项目投资收益分析［J］. 开发性金融研究，2021（1）：69-80.

[83] 梁安琪，武晓芬. 企业去杠杆、投资效率和企业绩效［J］. 经济与管理，2021，35（1）：62-69.

［84］ 梁毕明，孔一名，Liang，等. 所得税优惠，R&D 投入对企业业绩的影响——来自医药生物上市公司的经验证据［J］. 税务与经济，2017，2（211）：103-109.

［85］ 梁美蓉，蒙立元. 产品市场竞争、超额现金持有与企业价值［J］. 财会通讯，2018（36）：52-55，69，129.

［86］ 廖秀飞，姜和，苏春丽，等. 多肽 N 端修饰方法研究进展［J］. 化学与生物工程，2020，281（6）：9-14.

［87］ 林华. 创业板长期资产投资、企业绩效与盈余管理——来自创业板公司的经验证据［J］. 生产力研究，2020（7）：46-50，106.

［88］ 林明，董必荣，戚海峰. 上市国企高管团队任务断裂带对企业绩效的影响——实际控制人控股程度与市场竞争的调节作用［J］. 财贸研究，2018，29（4）：93-101.

［89］ 林倩. 民营企业技术创新投入对企业绩效影响研究——基于创业板上市公司的经验数据［D］. 青岛：青岛大学，2019.

［90］ 刘佳，王焕真. 旅游者环境责任行为驱动机制研究——基于我国海滨风景区的案例分析［J］. 地域研究与开发，2020，196（6）：86-92，99.

［91］ 刘良灿. CEO 过度自信影响企业创业导向吗？——基于中国创业板上市公司的实证研究［J］，山东财经大学学报，2018（11）：46-62.

［92］ 刘素荣，李积鹏，于森森. 相关性分类视角下政府补贴对企业研发投入的影响——基于中小板上市公司的实证研究［J］. 科技管理研究，2016，36（20）：22-26，31.

［93］ 刘伟业. 平台化市场竞争程度对内容产品创新绩效的影响研究［D］. 南京：南京审计大学，2017.

［94］ 刘文琦. 资本深化与技术创新协同对产业结构升级的影响研究［D］. 南昌：南昌大学，2019.

［95］ 刘学之，王潇晖，张东，等. 企业 R&D 投入与企业绩效关联度分析——基于

中美上市工业企业的实证研究［J］. 工业技术经济，2017，36（11）：147-154.

［96］刘宇璟. 创业导向与企业绩效：制度环境和市场环境的调节作用［J］. 中国人力资源开发，2017（11）：55-63.

［97］刘媛琪. 研发投入强度、产品市场竞争和创新绩效［D］. 南京：南京农业大学，2019.

［98］刘云，杨东涛，赵李晶，等. 双元视角下市场导向平衡效应对高科技中小企业新产品绩效的影响［J］. 科技进步与对策，2020，37（6）：111-118.

［99］刘志红，曹俊文. 节能环保企业规模与产权性质对技术创新的影响——基于江西省的调查数据［J］. 科技管理研究，2018（5）：135-141.

［100］娄奇龙. 平衡计分卡在我国中小企业中的运用——以 ML 公司为例［J］. 江苏商论，2020（4）：90-94.

［101］吕洋洋，卿松. 产品市场竞争对企业非效率投资的影响研究——基于制造业上市公司的实证分析［J］. 黑河学院学报，2020，11（4）：36-39.

［102］马理，张越. 现金持有和研发支出与企业绩效研究［J］. 经济问题，2016（12）：120-123.

［103］马天女. 创业导向对新创企业绩效的作用机制研究——基于创业拼凑和创业机会识别的中介作用［D］. 长春：吉林大学，2019.

［104］马文聪，李小转，廖建聪，等. 不同政府科技资助方式对企业研发投入的影响［J］. 科学学研究，2017，35（5）：689-699.

［105］马玉琪，扈瑞鹏，赵彦云. 税收优惠、财政补贴与中关村企业创新投入 – 基于倾向得分匹配法的实证研究［J］. 科技管理研究，2016，36（19）：1-6.

［106］毛其淋，许家云. 政府补贴对企业新产品创新的影响 – 基于补贴强度“适度区间”的视角［J］. 中国工业经济，2015（6）：94-107.

［107］缪艳娟，吴慧. 投资收益为何变为扭亏为盈的魔法棒？——基于海南矿业的案例分析［J］. 会计之友，2021（3）：97-102.

[108] 倪鸿孺. 产品市场竞争与审计收费研究——基于2011—2017年沪深A股上市公司的经验数据[J]. 上海商业，2021(1)：101-104.

[109] 潘亚楠. 技术创新对获取投资的作用机理研究——基于大学生双创大赛情境[D]. 无锡：江南大学，2020.

[110] 庞小凤，郭智. 我国资本市场投资者投资回报状况评析——基于上市公司的证据[J]. 经济体制改革，2016(3)：152-158.

[111] 彭业新. 浅析资本金沉淀对PPP项目投资收益的影响[J]. 建筑工程技术与设计，2018(33)：3463.

[112] 齐秀辉，王维，武志勇. 高管激励调节下研发投入与企业绩效关系研究[J]. 科技进步与对策，2016，33(15)：76-82.

[113] 乔引花，程云. 对外直接投资多元化、海归高管与内部控制审计——OFDI企业的内部控制审计师选择思路[J]. 西安财经大学学报，2021，34(1)：68-79.

[114] 乔永波. 企业环保投资效率评价指标体系构建研究[J]. 科技管理研究，2015，35(18)：48-53.

[115] 邱麟捷. 市场竞争、高管股权激励强度与企业创新[D]. 广州：广东外语外贸大学，2021.

[116] 全丽娜，刁妍妍，李巧，等. 靶向PD-1的多肽阻断剂的设计及评价[J]. 华东理工大学学报(自然科学版)，2020(1)：80-89.

[117] 任希丽. 技术差距、市场竞争与制造业技术创新[J]. 统计与决策，2021，37(21)：127-131.

[118] 尚洪涛，黄晓硕. 哪种政府补贴方式更能促进企业创新——基于医药制造业不同所有制企业PVAR动态效应的比较视角[J]. 中国科技论坛，2018(1)：58-67.

[119] 尚兴宇，贾辉，陈玉文. 基于协整理论的中国医药制造业市场竞争程度与研发资金投入关系研究[J]. 安徽医药，2019，23(6)：1268-1272.

[120] 沈弋，徐光华，钱明. 双元创新动因、研发投入与企业绩效 – 基于产权异质性的比较视角［J］. 经济管理，2016，38（2）：69-80.

[121] 盛宇华，路璐. R&D 投入与企业绩效的倒 N 型关系研究［J］. 南京社会科学，2016（1）：32-38.

[122] 束敏. 投资多元化对企业绩效的影响——以 ALBB 公司为例［J］. 当代会计，2020（22）：127-131.

[123] 宋丽颖，杨潭. 财政补贴、行业集中度与高技术企业 R&D 投入的非线性关系实证研究［J］. 财政研究，2016（7）：59-68.

[124] 宋清，刘奕惠. 市场竞争程度、研发投入和中小科技企业创新产出——基于风险投资调节的条件过程分析［J］. 中国软科学，2021（10）：182-192.

[125] 宋艳，常菊，陈琳. 专利质量对企业绩效的影响研究——技术创新类型的调节作用［J］. 科学学研究，2021（8）：1459-1466.

[126] 苏红，刘富成. 基于多元回归分析的企业技术创新对企业绩效影响研究［J］. 长春金融高等专科学校学报，2019（2）：73-82.

[127] 苏涛永，王紫璇，宋晓满. 内生性视角下研发投入与公司绩效的关系研究 – 基于工资与福利的调节效应［J］. 工业工程与管理，2019，24（4）：189-196.

[128] 苏怡. 制造业上市公司市场竞争程度对企业投资效率影响的相关性研究［D］. 昆明：云南大学，2018.

[129] 孙景蔚，吴学强. 研发投资对企业绩效的影响分析［J］. 杭州电子科技大学学报（社会科学版），2020，16（3）：20-25.

[130] 孙俊成，叶陈刚，唐剑. 高管—职工薪酬差距、管理层权力与企业绩效［J］. 财会通讯，2019（12）：10-13.

[131] 孙瑞，台航. 财政分权与市场竞争——基于工业库数据的分析［J］. 财贸研究，2019，30（10）：39-51.

[132] 孙晓华，郭旭，王昀. 政府补贴、所有权性质与企业研发决策［J］. 管理科

学学报，2017，20（6）：18-31.

［133］ 孙早，肖利平. 融资结构与企业自主创新——来自中国战略性新兴产业 A 股上市公司的经验证据［J］. 经济理论与经济管理，2016（3）：45-58.

［134］ 孙自愿，王玲，李秀枝，等. 研发投入与企业绩效的动态关系研究——基于内部控制有效性的调节效应［J］. 软科学，2019，33（7）：51-57.

［135］ 唐惠燕. 高校图书馆馆员学科背景与职业成长关系探析——基于南京农业大学图书馆的案例分析［J］. 新世纪图书馆，2020，284（4）：14-18.

［136］ 滕成梅，顾正凤，李春娟. “案例分析法”在急诊护生临床教学中的应用［J］. 当代护士（中旬刊），2019，26（1）：168-170.

［137］ 田楚楚. 研发投入跳跃对企业绩效的门槛效应研究［D］. 无锡：江南大学，2020.

［138］ 童梦婕. 无形资产资本化、非财务指标绩效评价与企业财务绩效［J］. 财会通讯，2020（18）：35-38.

［139］ 涂文懋，刘树林. 政府补贴、税收优惠与企业技术创新——基于溢出视角的分析［J］. 武汉理工大学学报（社会科学版），2019，32（5）：54-61.

［140］ 王超群，张超，曹敬晨. ESG 在固定收益投资领域的应用研究［J］. 金融纵横，2020（11）：27-33.

［141］ 王华，龚珏. 混合所有制改革中控股成本、投资回报与持股适度区间——基于 2003—2014 年中国证券市场的数据［J］. 统计与信息论坛，2016，31（6）：51-56.

［142］ 王攀. 我国财产保险市场竞争程度影响因素研究［D］. 保定：河北大学，2020.

［143］ 王秋阳. 产品市场竞争、供应链交易与企业投资效率的关系研究［J］. 中国集体经济，2020（13）：76-78.

［144］ 王遂昆，李菁. 产品市场竞争、政府补助与双元创新投资——基于创业板高

新技术企业视角［J］. 会计之友，2021（14）：54-59.

［145］王晓玮，周新玲. 医药上市公司资本结构、股权结构与经营绩效关系［J］. 湖北经济学院学报（人文社会科学版），2018（1）：23-25.

［146］王晓燕，梁彦清. 成长机会门槛下企业的研发投入与经营绩效［J］. 财经问题研究，2019（12）：88-95.

［147］王新红，聂亚倩. 政府补助、研发投入与企业绩效［J］. 财会通讯，2019（3）：63-67，76.

［148］王亚丹. 政府R&D政策对中小企业创新成果的影响研究［J］. 科技创新与生产力，2016（3）：4-7.

［149］王云多. 在校工作经验对教育投资回报的影响——以哈尔滨市劳动力市场问卷调查为例［J］. 人口与经济，2017（2）：97-106.

［150］韦影. 企业社会资本对技术创新绩效的影响——基于吸收能力的视角［D］. 杭州：浙江大学，2019.

［151］魏卉，马晓柯. 市场竞争强度、社会责任履行与企业创新——基于社会资本的中介效应［J］. 财会月刊，2019（4）：64-71.

［152］吴超鹏，唐菂. 知识产权保护执法力度、技术创新与企业绩效——来自中国上市公司的证据［J］. 经济研究，2016，51（11）：125-139.

［153］吴华明. 企业人力资本以及资本配置对企业绩效的影响研究［D］. 合肥：合肥工业大学，2018.

［154］吴松彬，张凯，黄惠丹. R&D税收激励与中国高新制造企业创新的非线性关系研究——基于企业规模、市场竞争程度的调节效应分析［J］. 现代经济探讨，2018（12）：61-69.

［155］吴园莉，江新，王红希，等. 水电BT项目风险投资回报率研究［J］. 人民长江，2016，47（21）：81-85.

［156］夏桐轩. OFDI对企业绩效的影响［D］. 南京：南京大学，2020.

［157］夏文蕾，陈晓芳，李琴，等. 绿色技术创新、媒体环保监督与企业绩效——来自重污染行业的经验数据［J］. 财会通讯，2020（16）：38-42.

［158］肖叶. 税制结构对创新产出的影响 – 基于 286 个地级市专利授权数据的实证分析［J］. 税务研究，2019（8）：26-31.

［159］谢宗杰，安雪玲，令狐敏捷，等. 构建我国制造业创新驱动标准化的国家创新系统：基于国际比较的研究［J］. 重庆大学学报（社会科学版），2021（4）：1-13.

［160］徐海波. 税收优惠、研发投入与企业绩效——基于大连市高新技术企业的实证研究［J］. 金融发展评论，2017（12）：139-148.

［161］许新亮. 市场竞争程度、会计盈余与资本结构动态调整［J］. 财会通讯，2019（18）：19-22.

［162］杨连星，牟彦丞，张迪. 对外直接投资如何影响企业收益?［J］. 世界经济研究，2021（1）：104-116，136.

［163］杨靓，曾德明，邹思明，等. 科学合作网络、知识多样性与企业技术创新绩效［J］. 科学学研究，2021（5）：867-875.

［164］杨水利，史童，王春嬉，等 . 首席专家能力匹配度与科技成果转化绩效——技术创新模式的调节作用［J］. 科学管理研究，2019，37（3）：49-53.

［165］杨皖苏，杨善林. 中国情境下企业社会责任与财务绩效关系的实证研究——基于大、中小型上市公司的对比分析［J］. 中国管理科学，2016，24（1）：143-150.

［166］杨宇平. 产融结合对企业经营绩效的影响机理研究［D］. 呼和浩特：内蒙古大学，2019.

［167］杨玉蓉，李安平，钟政昌，等. 桃仁多肽螯合亚铁的结构表征及体外模拟消化［J］. 中国食品学报，2020，20（2）：66-74.

［168］杨媛. 风险投资对高新技术企业创新绩效影响研究［D］. 重庆：西南大学，

2019.

[169] 杨震. 政府付费类 PPP 项目投资回报财务模型的对比研究 [J]. 工程经济，2017 (2)：7-10.

[170] 叶恒，疏畅，何飞颖. 社会责任与市场竞争对盈余管理影响的实证研究 [J]. 西南大学学报（自然科学版），2017，39 (12)：98-104.

[171] 叶红雨，王勋. 高新技术上市企业高管激励对企业绩效影响的实证研究——基于研发投入的中介作用 [J]. 技术与创新管理，2017，38 (5)：520-525.

[172] 尹美群，盛磊，李文博. 高管激励、创新投入与公司绩效——基于内生性视角的分行业实证研究 [J]. 南开管理评论，2018，21 (1)：109-117.

[173] 尹绍娜. 资本结构与企业绩效相关性研究——基于医药制造业上市公司的分析 [J]. 现代营销（下旬刊），2020 (2)：117-119.

[174] 尹雪婷. 商业模式创新与企业绩效关系的实证研究 [D]. 长春: 吉林大学，2020.

[175] 余雪飞、宋清华. 商业银行非利息收入、市场竞争与风险承担的实证检验 [J]，统计与决策，2019.4：139-141.

[176] 俞金红，于明超. 财政补贴、寻租成本与新能源企业经营绩效 [J]. 软科学，2019 (11)：59-63.

[177] 张安军. 市场竞争、并购商誉与投资效率 [J]. 云南财经大学学报，2020，36 (2)：74-88.

[178] 张斌. 政府参与、创新要素投入与企业绩效——基于洛阳市 15 个产业集聚区的实证研究 [J]. 研究与发展管理，2017，29 (3)：31-43.

[179] 张超林，杨竹清. 股票流动性、代理效率与企业技术创新——基于泊松回归的实证研究 [J]. 华东经济管理，2018，32 (11)：151-158.

[180] 张古鹏，熊丽彬. 竞争关系如何影响高校的科研绩效——基于化学领域竞争网络的视角 [J]. 中国软科学，2020 (10)：12-25.

［181］张海波，李彦哲. ODI 进入模式对跨国企业海外经营绩效影响研究［J］. 科研管理，2020，41（9）：209-218.

［182］张浩，霍国庆，汪明月，吴忠谦. 科技成果转化的战略绩效评价——基于国家科学技术进步奖成果的实证研究［J］. 科学学与科学技术管理，2020，41（8）：7-25.

［183］张浩，张骅，邢雯，喻泉. 固定收益投资领域的科技应用［J］. 债券，2021（1）：32-36.

［184］张惠，赵洪进，马俊. 货币政策、市场竞争程度与企业资本结构动态调整［J］. 技术与创新管理，2018，39（1）：82-86.

［185］张建刚，付婕. 金融发展、知识产权保护与自主创新——基于面板平滑转换回归模型的非线性影响分析［J］. 金融发展研究，2021（2）：44-54.

［186］张力派，莫一帆，夏西强，卜令通. 财务投资均衡视角下融资约束、投资效率与企业绩效互动关系——来自 2012—2018 年沪深 A 股面板数据［J］. 技术经济，2020，39（12）：51-60.

［187］张倩倩，李小健. 高管股权激励对农业上市公司绩效的影响研究——基于两类代理成本的中介效应［J］. 财会通讯，2018（29）：20-23.

［188］张苏，乔玉洋. 医药行业高管薪酬与企业绩效的关系研究——基于我国医药上市公司的数据［J］. 中国林业经济，2020（1）：45-48.

［189］张晓月，陈鹏龙，赵魏理 . 专利质量对企业绩效的作用关系研究——以创业板上市公司为例［J］. 科技管理研究，2017（22）：177-183.

［190］张昕颖，陈雯杰. 市场竞争、政府补助与企业技术创新——来自我国战略性新兴产业 A 股上市公司的证据［J］. 商业会计，2021（13）：58-63，119.

［191］张永安，严嘉欣，胡佩. 政府补贴对企业创新绩效的双重作用机制研究——以生物医药上市企业为例［J］. 科技管理研究，2020（1）：32-39.

［192］张永冀，何宇，张能鲲，等. 中国医药上市公司技术并购与绩效研究［J］.

管理评论，2020（8）：131-142.

[193] 张宇，李静. 基于剩余收益模型的A股泡沫分析［J］. 商讯，2020（35）：80-81.

[194] 张玉兰，景思婷，牛爽，等. 京津冀制造业上市公司投资效率评价研究——基于技术创新视角［J］. 会计之友，2020（18）：14-19.

[195] 赵璨，宿莉莎，曹伟. 混合所有制改革：治理效应还是资源效应？——基于不同产权性质下企业投资效率的研究［J］. 上海财经大学学报，2021，23（1）：75-90.

[196] 赵康生，谢识予. 政府研发补贴对企业研发投入的影响 – 基于中国上市公司的实证研究［J］. 世界经济文汇，2017（2）：87-104.

[197] 赵玉林，谷军健. 制造业创新增长的源泉是技术还是制度？［J］. 科学学研究，2018，36（5）：800-812，912.

[198] 赵昱博. 复星医药跨国并购绩效研究［D］. 哈尔滨：哈尔滨商业大学，2020.

[199] 郑思秀. 内部薪酬差距、产品市场竞争与企业绩效［D］. 北京：北京交通大学，2017.

[200] 周浩，汤丽荣. 市场竞争能倒逼企业善待员工吗？——来自制造业企业的微观证据［J］. 管理世界，2020（11）：135-144.

[201] 周泓莹. 产品市场竞争、高管薪酬与企业风险承担［J］. 商业会计，2020（5）：66-71.

[202] 周锦培. CEO金融背景对企业经营绩效影响研究——基于倾向得分匹配法（PSM）和Logit模型［J］. 财经理论与实践，2020，41（4）：70-77.

[203] 周靖宇. 政府补助对医药制造业上市企业绩效的影响——基于研发投入的中介效应［J］. 江苏商论，2020，424（2）：109-113.

[204] 周铭山，张倩倩，杨丹. 创业板上市公司创新投入与市场表现：基于公司内外部的视角［J］. 经济研究，2017，52（11）：135-149.

[205] 朱德胜. 不确定环境下股权激励对企业创新活动的影响［J］. 经济管理，

2019，41（2）：55-72.

［206］朱磊，唐琳玉，王春燕，吕梓毓. 产品市场竞争与企业双元创新投资——来自中小板的经验数据［J］. 财务研究，2018（4）：35-44.

［207］朱永明，石祐存. 市场竞争、负债融资与企业价值［J］. 财会通讯，2018（24）：62-65.

［208］朱治理，温军，赵建兵. 政府研发补贴、社会投资跟进与企业创新融资［J］. 经济经纬，2019，33（1）：114-119.

［209］诸波，干胜道. 市场竞争程度、经营战略与业绩评价指标选择［J］. 会计研究，2015（2）：51-60.

［210］宗刚，张雪薇. 高速铁路、技术创新与经济高质量发展——实证检验与机制研究［J］. 山西财经大学学报，2020，42（12）：1-14.

［211］邹非，朱庆华，王菁. 基于多案例分析的中小企业社会责任实践对绩效的影响［J］. 科技与管理，2019，21（1）：100-107，112.

［212］Albana Berisha Qehaja, Enver Kutllovci. Strategy Tools and Enterprise Performance: The Mediating Role of Competitive Advantage［J］. International Journal of Business Excellence, 2020, 22(3):301.

［213］Alhaimer D R. Adopting Social Media and Identifying Return on Investment from Using Social Media as Marketing Tool Amongst Kuwaiti Smes［J］. Academy of Marketing Studies Journal, 2019, 23(1): 76-78.

［214］Amit R, Brander J, Zott C. Why Do Venture Capital Firms Exits? Theory and Canadian Evidence［J］. Journal of Business Venturing, 2018, 13(6): 441-466.

［215］Amit R, Glosten L, Muller E. Does Venture Capital Foster the Most Promising Entrepreneurial Firms?［J］. California Management Review, 2020, 32(3): 102-111.

［216］Anh-Tuan Doan, Anh-Tuan Le, Quan Tran. Economic Uncertainty, Ownership

Structure and Small and Medium Enterprises Performance [J]. Australian Economic Papers, 2020, 59(2): 102-137.

[217] Arega Shumetie, Wondifraw Mihret. Effect of Creativity and Innovation Based Training on Small Enterprises' Performance: Evidence from Ethiopia [J]. International Journal of Innovation and Sustainable Development, 2020, 14(4): 251-269.

[218] Artz KW, Norman PM, Hatfield DE. A Longitudinal Study of the Impact of R&D, Patents, and Product Innovation on Firm Performance [J]. Journal of Product Innovation Management, 2020, 27(5): 725-740.

[219] Atuahene-Gima K. Market Orientation and Innovation [J]. Journal of Business Research, 2019, 35(2): 93-103.

[220] Atz U, Holt T V, Douglas E, et al. The Return on Sustainability Investment (ROSI): Monetizing Financial Benefits of Sustainability Actions in Companies [J]. Social Science Electronic Publishing, 2021, 1(1): 303-354.

[221] Au K, Kwan H K. Start-up Capital and Chinese Entrepreneurs:The Role of Family [J]. Entrepreneurship Theory and Practice, 2019, 33(4): 889-908.

[222] Auerbach N A, Tulloch A, Possingham H P. Informed Actions: Where to Cost Effectively Manage Multiple Threats to Species to Maximize Return on Investment [J]. Ecological Applications, 2016, 24(6): 1357-1373.

[223] Baum J AC, and Silverman S B. Picking Winners or Building Them? Alliance, Intellectual, and Human Capital as Selection Criteria in Venture Financing and Performance of Biotechnology Startups [J]. Journal of Business Venturing, 2019, 19(3): 411-436.

[224] Bertram M Y, Sweeny K, Lauer J A,et al. Investing in Non-Communicable Diseases: An Estimation of the Return on Investment for Prevention and Treatment

Services [J]. Lancet, 2018, 391(10134): 2071-2078.

[225] Brown, Fazzari and Petersen. Financing Innovation and Growth: Cash Flow, External Equity and the 1990s R&D Boom [J]. Journal of Finance, 2019, 64(1): 151-185.

[226] Bruton G and Ahlstrom D. An Institutional View of China's Venture Capital Industry Explaining the Difference between China and the West [J]. Journal of Business Venturing, 2003, 18(2): 14.

[227] Burchardt J, Hommel U, Kamuriwo D S, et al.Venture Capital Contracting in Theory and Practice: Implications for Entrepreneurship Research [J]. Entrepreneurship Theory and Practice, 2016, 40(1): 25-48.

[228] Camisa Vincenzo, Gilardi Francesco, Di Brino Eugenio, et al. Return on Investment (ROI) and Development of a Workplace Disability Management Program in a Hospital [J]. A Pilot Evaluation Study [J]. International Journal of Environmental Research and Public Health, 2020, 17(21): 8084.

[229] Cathleen, Opperman, Debra, et al. Measuring Return on Investment for Professional Development Activities: 2018 Updates [J]. Journal for Nurses in Professional Development, 2018, 34(6): 29-30.

[230] Chen H K, Liang W L. Do Venture Capitalists Improve the Operating Performance of IPOs? [J]. International Review of Economics & Finance, 2016(44): 291-304.

[231] Chen Y S. The Positive Effects of Patent Performance, R&D Capability, and Employee Productivity on Firm Performance [C]. Proceedings of Picmet 11: Technology Management in the Energy Smart World. IEEE, 2018: 1-8.

[232] Cl Er Jon A, Perdu F. Matching Intermittency and Electricity Storage Characteristics through Time Scale Analysis: An Energy Return on Investment Com-

parison [J]. Energy & Environmental Science, 2019, 12(2): 693-705.

[233] Connelly B L,Certo S T, Ireland R D, et al. Signaling Theory: A Review and Assessment[J]. Journal of Management, 2020, 37(1): 39-67.

[234] Conyon M J,Girma S,Thompson S, et al. The Productivity and Wage Effects of Foreign Acquisition in the United Kingdom [J]. The Journal of Industrial Economics, 2019, 50(1): 85-102.

[235] Cull R, Xu L C. Institutions, Ownership, and Finance: The Determinants of Profit Reinvestment among Chinese Firms[J]. Journal of Financial Economics, 2019, 77(1): 117-146.

[236] D Chisholm, Sweeny K,Sheehan P, et al. Scaling-up Treatment of Depression and Anxiety: A Global Return on Investment Analysis [J]. Lancet Psychiatry, 2016, 3(5): 415-424.

[237] Fanfan Li. The Influence of Human Resource Management on Enterprise Performance [J]. Creativity and Innovation, 2020, 4(2): 189-211.

[238] Bruce R. Final Regulations on College and University Investment Income Tax Issued [J]. Hopkins' Nonprofit Counsel, 2020, 37(12): 1-3.

[239] Fitza M,Matusik SF, Mosakowsk E. Do VCs Matter? The Importance of Owners on Performance Variance in Start-up Firms[J]. Strategic Management Journal, 2019, 30(4): 387-404.

[240] Florin J. Is Venture Capital Worth it? Effects on Firm Performance and Founder Returns[J]. Journal of Business Venturing, 2020, 20(1): 113-135.

[241] Fraisse H, Laporte M. Return on Investment on AI: The Case of Capital Requirement [J]. SSRN Electronic Journal, 2021, 1(1): 129-135.

[242] Francis Mbah Takwi, Atem Atabongfua Mavis. The Effects of Logistic Management on Enterprise Performance: A Case of Gas Depot Atem in Yaounde

Cameroon [J]. American Journal of Operations Management and Information Systems, 2020, 5(3): 41-48.

[243] Gao Qianying, Wu Cisheng, Wang Linchuan, et al. The Entrepreneur's Psychological Capital [J]. Creative Innovation Behavior, and Enterprise Performance, Frontiers in Psychology, 2020(11): 1651-1657.

[244] Guillen J, Cheilari A, Damalas D, et al. Oil for Fish: An Energy Return on Investment Analysis of Selected European Union Fishing Fleets [J]. Journal of Industrial Ecology, 2016, 20(1): 145-153.

[245] Guo D, Jiang K. Venture Capital Investment and the Performance of Entrepreneurial Firms: Evidence from China [J]. Journal of Corporate Finance, 2019, 22(3): 375-395.

[246] Hanlon D, Saunders C. Marshaling Resources to Form Small New Ventures: Toward a More Holistic Understanding of Entrepreneurial Support [J]. Entrepreneurship Theory and Practice, 2017, 31(4): 619-641.

[247] Heisler Z, Eastwood B, Mwaiselage J, et al. Return on Investment of a Breast Cancer Screening Program in Tanzania: Opportunity for Patient and Public Education [J]. Journal of Cancer Education, 2020(9): 1-8.

[248] Hsieh C T, Klenow P J. Misallocation and Manufactuaring TFP in China and India [J]. Quarterly Journal of Economics, 2017, 124(4): 1403-1448.

[249] Jensen J A, Walsh P, Cobbs J. The Moderating Effect of Identification on Return on Investment from Sponsor Brand Integration [J]. International Journal of Sports Marketing and Sponsorship, 2018, 19(1): 41-57.

[250] Kashif Ullah Khan, Fouzia Atlas, Zhang Xuehe, et al. The Mediating Role of Dynamic Managerial Capabilities: The Interplay between Dominant Logic and Small-and Medium-sized Enterprises Performance in China [J]. Journal of

Public Affairs, 2020, 20(2): 68-93.

[251] Katrin K, Sara S, Lars H, et al. Return on Investment from the Use of Product Configuration Systems-A Case Study [J] . Computers in Industry, 2018(100): 57-69.

[252] Lauer Claire I, Shabahang Mohsen M, Hendricks Daniel, et al. Expansion of Surgical Graduate Medical Education Training Programs: A Return on Investment Analysis [J] . Journal of Surgical Research,2021(258): 278-282.

[253] Mahmoud M,El-Halwagi. A Return on Investment Metric for Incorporating Sustainability in Process Integration and Improvement Projects [J] . Clean Technologies and Environmental Policy, 2017, 19(2): 611-617.

[254] Masters R, Anwar E, Collins B, et al. Return on Investment of Public Health Interventions: A Systematic Review [J] . Journal of Epidemiology and Community Health, 2017, 71(8): 827-834.

[255] Maurseth P B, Verspagen B. Knowledge Spillovers in Europe: A Patent Citations Analysis [J] . Scandinavian Journal of Economics, 2018, 104(4): 531-545.

[256] Mead M, Atkinson T, Srivastava A, et al. The Return on Investment of Orthopaedic Fellowship Training: A Ten-year Update [J] . Journal of the American Academy of Orthopaedic Surgeons, 2020, 28(12): 1-16.

[257] Mudambi R, Swift T. Knowing When to Leap: Transitioning between Exploitative and Exploitative R&D [J] . Strategic Management Journal, 2014, 1(35): 126-145.

[258] Mulkay B, Hall B,Mairesse J. Firm Level Investment and R&D in France and the United States: A Comparison [J] . Social Science Electronic Publishing, 2015(2): 6-55.

[259] Nam H,Ibano K,Konishi S. Cost Analysis and Energy Return on Investment

of Fuel Cell and Gas Turbine Integrated Fusion-biomass Hybrid System; Application of a Small Scale Conceptual Fusion Reactor GNOME [J] . Energy, 2020(203): 11-25.

[260] Orsak G, Miller A,Allen C M, et al. Return on Investment of Free Colorectal Cancer Screening Tests in a Primarily Rural Uninsured or Underinsured Population in Northeast Texas [J] . Pharmaco Economics-Open, 2020, 4(1): 71-77.

[261] Paula Pinheiro, Ana Daniel,António Moreira. Social Enterprise Performance: The Role of Market and Social Entrepreneurship Orientations [J] . Voluntas: International Journal of Voluntary and Nonprofit Organizations, 2020, 66(4): 1-16.

[262] Plummer L A, Allison T H, Connelly BL. Better Together Signaling Interactions in New Venture Pursuit of Initial External Capital [J] . Academy of Management Journal, 2016, 59(5): 1585-1604.

[263] R Epanchin-Niell, J Boyd. Private-Sector Conservation Under the US Endangered Species Act: a Return-on-Investment Perspective [J] . Frontiers in Ecology and the Environment, 2020, 18(7): 409-416.

[264] Reitzig M. Strategic Management of Intellectual property [J] . MITS Loan Management Review, 2017(7): 112-130.

[265] Risi R D, Paola F D, Turpie J, et al. Life Cycle Cost and Return on Investment as Complementary Decision Variables for Urban Flood Risk Management in Developing Countries [J] . International Journal of Disaster Risk Reduction, 2018(28): 88-106.

[266] Rosenbusch N, Brinckmann J, Muller V. Does Acquiring Venture Capital Pay off for the Funded Firms? A Meta-Analysis on the Relationship between Venture Capital Investment and Funded Firm Financial Performance [J] . Journal of

Business Venturing, 2020, 28(3): 335-353.

[267] Schmidt K M, Managerial Incentive and Product Market Competition [J]. Review of Economic Studies, 2017, 64(2): 191-213.

[268] Shi W, Sun S L A, Peng M W. Sub-national Institutional Contingencies, Network Position and IJV Partner Selection [J]. Journal of Management Studies, 2019, 49(7): 1221-1245.

[269] Skrundevskiy A N, Omar O S, Kim J, et al. Return on Investment Analysis of Breast Cancer Screening and Downstaging in Egypt: Implications for Developing Countries [J]. Value in Health Regional Issues, 2018(16): 22-27.

[270] Sonu S K, Jawahar I M, Saini G K. Influence of Return on Investment and Labor Market Conditions on Job Seekers' Preferences of Employment Attributes in the Indian Context [J]. Asian Business & Management, 2020, 7(4): 1-30.

[271] Tan Y,Huang H,Lu H. The Effect of Venture Capital Investment: Evidence from China's Small and Medium-sized Enterprises Board [J]. Journal of Small Business Management, 2020, 51(1): 138-157.

[272] Teng B S. Corporate Entrepreneurship Activities through Strategic Alliances: A Resource-Based Approach toward Competitive Advantage [J]. Journal of Management Studies, 2017, 44(1): 119-142.

[273] Thanh N X, Dmytruk K, O'Connell P, et al. Return on Investment of the Diabetes Foot Care Clinical Pathway Implementation in Alberta, Canada [J]. Diabetes Research and Clinical Practice, 2020, 165(6): 108-241.

[274] Vachon S, Klassen R D. Environmental Management and Manufacturing Performance: The Role of Collaboration in the Supply Chain [J]. International Journal of Production Economics, 2018, 111(2): 299-315.

[275] Vong F, Wong I K A. Corporate and Social Performance Links in the Gaming

Industry [J]. Journal of Business Research, 2018, 66(9): 1674-1681.

[276] Wang CK, Wang K, Lu Q. Effect of Venture capitalists' Participation in Listed Companies[J]. Journal of Banking & Finance, 2018, 27(10): 2015-2034.

[277] Wang Yihan, Wen Zongguo, Dong Jingwen. The City-Level Precision Industrial Emission Reduction Management based on Enterprise Performance Evaluation and Path Design: A Case of Changzhi, China [J]. Science of the Total Environment, 2020, 734(1): 39-50.

[278] Wenhai Wan, Longjun Liu, Xinxin Wang. How User-Driven Innovation and Employee Intrapreneurship Promote Platform Enterprise Performance [J]. Management Decision, 2020, 58(12): 2705-2723.

[279] West R, Coyle K, Owen L, et al. Estimates of Effectiveness and Reach for " Return on Investment" Modelling of Smoking Cessation Interventions Using Data from England [J]. Addiction, 2017, 113(1): 19-31.

[280] Winton A,Yerramilli V. Entrepreneurial finance: Banks Versus Venture Capital [J]. Journal of Financial Economics, 2020, 88(1): 51-79.

[281] Xiongfeng Pan, Xianyou Pan, Malin Song, et al. The Influence of Green Supply Chain Management on Manufacturing Enterprise Performance: Moderating Effect of Collaborative Communication [J]. Production Planning and Control, 2019, 31(2): 1-14.

[282] Zhang J J, Rogers J D.The Technological Innovation Performance of Chinese Firms:the Role of Rndustrial and Academic R&D,FDI and the Markets in Firm Patenting [J]. International Journal of Technology Management, 2009, 9(4): 518-523.